中国现代作家青春剪影丛书

修订本

海天之星
冰心

张卫——著

时代出版传媒股份有限公司
安徽教育出版社

图书在版编目（CIP）数据

海天之星:冰心 / 张卫著.—修订本.—合肥:
安徽教育出版社,2022.5
（中国现代作家青春剪影丛书）
ISBN 978-7-5336-9618-4

Ⅰ.①海… Ⅱ.①张… Ⅲ.①冰心(1900-1999)—
生平事迹 Ⅳ.①K825.6

中国版本图书馆 CIP 数据核字（2022）第 001757 号

海天之星　冰心
HAI TIAN ZHI XING　BINGXIN

出 版 人:费世平
统筹编辑:周　佳
责任编辑:时　沂
装帧设计:王莉娟
美术编辑:吴亢宗
责任印制:陈善军

出版发行:安徽教育出版社
地　　址:合肥市经开区繁华大道西路 398 号　邮编:230601
网　　址:http://www.ahep.com.cn
营销电话:(0551)63683012,63683013
排　　版:安徽时代华印出版服务有限责任公司
印　　刷:安徽联众印刷有限公司

开　　本:880 mm×1230 mm　1/32
印　　张:9
字　　数:160 千字
版　　次:2022 年 5 月第 1 版　2022 年 5 月第 1 次印刷
定　　价:30.00 元

（如发现印装质量问题,影响阅读,请与本社营销部联系调换）

青春剪影出一首首梦的歌（代序）

傅光明

鲁迅《呐喊·自序》的开篇第一段话是："我在年青时候也曾经做过许多梦，后来大半忘却了，但自己也并不以为可惜。……这不能全忘的一部分，到现在便成了《呐喊》的来由。"紧接着，他回忆起儿时家庭从小康坠入困顿，这样的苦涩经历使他从中得以看见世人的真面目，继而要"走异路，逃异地，去寻求别样的人们"。

从他睁开眼看世界，他便有了梦，很美满的一个梦——到日本，学医，救治像他父亲一样"被误的病人的疾苦，战争时候便去当军医，一面又促进了国人对于维新的信仰"。直到课堂上放映关于日俄战事的画片，"忽然会见我久违的许多中国人了，一个绑在中间，许多站在左右，一样是强壮的体格，而显出麻木的神情。据解说，则绑着的是替俄国做了军事上的侦探，正要被日军砍下头颅来示众，而围着的便是来赏鉴这示众的盛举的人们"。

这个故事本身已具有经典性，不仅如此，相信凡熟悉鲁迅的读者更喜欢咀嚼接下来的这一小段文字，因为它是鲁迅作家梦开始的地方:"医学并非一件紧要事,凡是愚弱的国民,即使体格如何健全,如何茁壮,也只能做毫无意义的示众的材料和看客,病死多少是不必以为不幸的。所以我们的第一要著,是在改变他们的精神,而善于改变精神的是,我那时以为当然要推文艺,于是想提倡文艺运动了。"

这时,他又开始做好梦了。从仙台辍学回到东京,他邀几位朋友一起办杂志,以期迈出文学的第一步。但这本取"新的生命"的意思而叫《新生》的杂志,在策划中便胎死腹中,梦也随之转瞬即逝了。

因梦无法实现而带来的寂寞,一天天地长大起来,"如大毒蛇,缠住了我的灵魂了"。然后是无端的悲哀和驱除不尽的痛苦,而麻醉的最好办法是"使我沉入于国民中,使我回到古代去",让生命黯然销魂,直销到"再没有青年时候的慷慨激昂的意思了"。

就这样,在蚊子多的一个夏夜,已蛰居北京,在绍兴会馆里百无聊赖抄古碑的鲁迅,迎来了一个老朋友。这位"偶或来谈"的老朋友金心异,便是正协助陈独秀编辑《新青年》杂志的钱玄同。聊天中,一段石破天惊的对话呱呱坠地,并成为中国现代文学史上经典的里程碑式的思想意象:

> 假如一间铁屋子,是绝无窗户而万难破毁的,里面有许多熟睡的人们,不久都要闷死了,然而是从昏

睡入死灭，并不感到就死的悲哀。现在你大嚷起来，惊起了较为清醒的几个人，使这不幸的少数者来受无可挽救的临终的苦楚，你倒以为对得起他们么？

　　然而几个人既然起来，你不能说决没有毁坏这铁屋的希望。

由此，鲁迅发出"狂人"的呐喊，《狂人日记》不仅成为小说家鲁迅的起点，更成为中国现代白话小说的源头和丰碑。

可以说，鲁迅是在生命日渐消沉的时候才做起小说来！显然，是五四精神孕育出了鲁迅的新生，而鲁迅又给五四精神注入了别样的新鲜活力和深邃的思想光芒。那本在东京未出世就夭折了的《新生》雪藏起鲁迅的摩罗诗力，而一本在北京崭新的《新青年》却真的赋予了鲁迅新的生命——文学的、艺术的、精神的、思想的不朽生命。

简言之，一篇短短的《呐喊·自序》，已大致可以为鲁迅，同时也可把这样的梦影当参照，为许多现代作家，甚至为读者自己画一幅青春剪影了。

像鲁迅一样，世上所有的人，年轻时候都会做许多梦。醒来一个梦，再做下一个梦，有梦便有希望在，人生的过程就是在不断做梦寻梦。当然，悲哀时，又会感觉一如鲁迅所说，"人生最苦痛的是梦醒了无路可以走"。如果真的无路可走了，还是要做梦，回忆青春的梦。没有了梦，便只剩下了绝望。

这套书里的作家们，年轻时几乎无不是有着一个又一个的梦。郭沫若和鲁迅一样，早年赴日本留学时，学的是医学，后因受到荷兰哲学家斯宾诺莎和美国诗人惠特曼思想的影响，决心弃医从文；与郭沫若等一同发起成立"创造社"的郁达夫，留日之初，考入的是东京第一高等学校医部预科，后又改学过政治学、经济学；冰心在写她的《繁星》《春水》以前，就读于协和女子大学理科，向往的也是日后成为一名医生。

然而，任何一个梦想的实现，都需要付出巨大的艰辛、努力。一个人的青春岁月，时常是苦恼与快乐相伴、信心与茫然相随。正是在这个时候，已经长大了的青少年，会突然惊奇地发现，原来世间的事情是如此的复杂，连黑与白的界线都有可能变得不明晰和不确定起来，无法一下子认定的事情越来越多。这些对于作家来说，却又是不可或缺的人生经历和体验。

无论他们在年轻时做过怎样的梦，有一点是共同的，即读书、求知。他们大都有过在海外或留学，或进修，甚或流亡的经历；他们中的许多人至少懂得一门外语，像巴金、郁达夫、钱锺书、杨绛等，通晓的外语都在两门或两门以上。茅盾是在大革命失败后，流亡日本时，深度创作他的小说处女作《蚀》三部曲的。巴金的小说处女作《灭亡》写于巴黎，这之后，他的写作一发不可收。朱自清在出任清华大学中国文学系主任的前一年，曾在英国进修过语言学和英国文学，后漫游欧洲五国，才有后来写作的

《欧游杂记》《伦敦杂记》。艾青最初读的是艺术学院绘画系，后在赴法国勤工俭学时，边学绘画，边接触欧洲现代派诗人，最终成为诗人，而不是画家。在南开中学就开始参与戏剧活动的曹禺，初入南开大学，读的是政治系，转至清华大学西洋文学系才真正开始钻研戏剧，从古希腊剧作家到莎士比亚、契诃夫、易卜生、奥尼尔，孕育出了他的《雷雨》《日出》。

每个作家都有藏在他的文学梦背后的故事，这些故事对于启迪我们的人生智慧和精神思想，都是难得的知识营养。通过这些故事，我们知道，徐志摩最早没想过要成为诗人，他留学美国时，学的是经济，转去英国，是为了追随罗素，搞政治。当丁玲陷在生活的困惑之中，她做过画家梦，更做过电影明星梦。各自已有深厚的人生体验的川籍作家艾芜、沙汀，是在他俩相遇后，才一起走上文学路的。从湘西走出来的"乡下人"沈从文，学历只到小学，经过人生的许多坎坷沧桑，矢志不渝，最终成就了自己的文学梦。

对于今天的读者，已经成为历史的他们，在这个"剪影"里构成了一组混着一个又一个青春生命泪与笑的梦的合唱。如果能够从他们一串串的梦里找到自己，相信你的未来不是梦！

冰 心

(1900年10月5日—1999年2月28日)

目录

第一章 出生/001

第二章 烟台海边/023

第三章 "野孩子" /033

第四章 从听故事到读书/042

第五章 回到福州/060

第六章 初到北京/078

第七章 贝满中斋的插班生/093

第八章 五四与"冰心" /124

第九章 "问题小说"和"爱的哲学" /146

第十章 活跃的大学生活/173

第十一章 留学美国/206

第十二章 走出象牙塔/237

第一章
出　生

婴儿，

在他颤动的啼声中

　有无限神秘的言语，

从最初的灵魂里带来

　要告诉世界。

——冰心《春水·六四》

1900年10月5日（清光绪二十六年农历闰八月十二日），在福建闽侯（今属福州市）城内隆普营的一所大房子里，一个女婴呱呱坠地，给这所大房子带来了欢乐。这个娇弱的女婴就是后来多福长寿、享誉中国文坛的女作家冰心。

冰心的姑母比冰心的父亲谢葆璋大得多。谢葆璋四岁丧母，一切全由其姐照料。长姐如母，她非常疼爱谢葆璋夫妇，因此对他们的女儿也就格外宠爱。冰心一生下来，姑母就拿着她的"生辰八字"请人看。有人说："这孩子命中缺火，给孩子取名时要取含火的字。"

姑母回到家跟家人一说，大家开始给冰心想名字。还没等别人说话，当塾师的二伯父首先说：

"以我之见，不如叫'婉莹'，'婉'是家里姊妹们的排行，自不必说，'莹'（繁体为瑩）字头上有两个火，一定能够补上命里所缺之火也。"

大家都很满意，冰心的母亲也觉得这是个很美丽、很温柔的名字。但是，家里人还是把冰心当成男孩子来养。祖父总叫她"莹官"，和叫她的堂兄弟"霖官""仪官"一样。父母也给她起了个小名"伊哥"。"伊"是福州方言"阿"的意思。后来冰心的三个弟弟出世了，父母就顺着对冰心的称呼分别叫他们"细哥""细弟"和"小小"。"细"在福州方言里就是"小"的意思。冰心也一直穿男孩子的衣服，直到1911年从烟台回到老家时才改成女孩的装束。伯叔父母们也就随着改了称呼，按照大家庭里女孩的排行，叫她"四妹"，但祖父和父母还是叫她"莹官"或"伊哥"。

冰心满月里被抱出来，穿着舅母送的水红绸子衣服，戴着青缎沿边的大红帽子，小脸蛋看起来又丰满又红润，虽然是个女孩，却也让她的母亲在姐妹妯娌中感到十分骄傲。其实冰心出生时体质就弱，经常生病，吐奶的时候就常咳血，说她"会吃奶的时候就会吃药"一点都不夸张。三个月大时，她就能分辨出端药杯的人的脚步声。每当听到这种脚步声，她就会惊怕得啼哭起来，并用乞怜的目光寻找母亲。一旦从床边围着的许多人中认出母亲来，她的眼睛就会一直盯着母亲，使母亲感到又欣慰又心碎。

疼爱冰心的姑母见她如此多病，常常替她四处求神拜佛，并且出了许多据说能化解宝贝侄女的"灾"的主意。按照当地的风俗，她让冰心拜在"八仙"之一的吕祖吕洞宾的名下，当他的"寄女"，认为这样吕祖就会保佑冰心。做吕祖的"寄女"要到吕祖的神座前抽一个名字，这也是姑母替她抽的，叫"珠瑛"。姑母让家里买了一头牛，送到吕祖庙里去放生，其实就是给道士们耕田。这个吕祖庙位于城内乌石山上。山上有两块很光滑的大石头，突兀地立着，十分奇特，当地人都称它们为"桃瓣李片"。冰心十一岁回到福州后，经常到乌石山来玩。热爱大自然的冰心对吕祖庙没有什么兴趣，倒是这两块大石头给她留下了深刻的印象。

后来冰心离开了福州，但每年一到她的生日，姑母还当她在家一样，请道士到家里来念经，当地习俗叫"过关"，一直要到十六岁才算彻底过去。冰心的父母都觉得这种做法是迷信，可又不忍拂了姑母的好意，再说也不用他们自己操办，也就听之任之了。

冰心从烟台回到福州后也亲身经历了几次"过关"。"过关"的这一天一大早，就有一两个道士赶到谢家，谢家敞开大门把他们迎进来。仪式要在厅堂里举行，不能露天办。道士用八仙桌搭起一个"祭坛"，在四周围上红缎子做的"桌裙"，然后点烛、烧香、念经、上供，一直闹到下午。最后的高潮是立起一个纸糊的城门，这就是所谓的"关"，让要"过关"的孩子拉着其他孩子，从城门样的"关"穿过，穿过去一个，道士就应声高唱一句："某某过关啦！"冰心觉得很好玩，她拉着一群孩子哄笑着穿了好几次，像平时玩游戏一样，直到家长出来笑着告诉他们好几年的"关"都过了，他们才停止。最后道士还要将这纸糊的"关"烧掉。道士做这样的法事，按规定不能在主人家里吃饭，而是领了酒饭钱就回去。

冰心从一出生就是幸福又幸运的。她的一生都沐浴在爱之河中，她所创造的文学世界也像一条爱之河，让无数人沐浴在其中，感受到浓厚的人类之爱，而这条河的源头就是她的父亲和母亲。

冰心的父亲谢葆璋，字镜如，1865年出生于福州。他是家里的第三个儿子，四岁时母亲去世，父亲和姐姐抚养他长大。

天津北洋水师学堂总教习严复每次回福州，只要有空儿就会去看他的老朋友——谢葆璋的父亲谢銮恩（字子修）。1881年，严复拜访谢家，谢銮恩老先生叫几个儿子出来拜见总教习。严复一眼就看中了十六岁的谢葆璋。

"谢兄，现在内忧外患，洋人欺我们没有海军，因此才敢如此猖獗，动不动就凭坚船利炮长驱直入，以武力相威胁。我之所以执教水师学堂，就是想多培养一些出色的海军将领，好与洋人抗衡。我看令郎葆璋气宇轩昂、英姿勃发,很有军人气质,应该投笔从戎,报效国家。我想这也是谢兄的心愿。只是不知道谢兄舍不舍得,令郎是不是有意。"严复开门见山地说。

谢老先生听了这话看了谢葆璋一眼,见他虽低眉顺眼,显出几分腼腆,却仍掩饰不住满心的兴奋,知道儿子是愿意的,就说:

"严兄,你能看中小儿并加以栽培,这是小儿的福气。否则像他两个哥哥子承父业当个穷教书匠也没多大出息。何况眼下正是国家用人之际,国家兴亡,匹夫有责,我四个儿子,有三个在身边守着足矣,就让葆璋跟了你去吧!只怕他成不了器,倒叫严兄失望了。"

于是严复就给谢葆璋出了两道题,一道是诗题"月到中秋分外明",一道是八股的"破题"。谢葆璋不消片刻工夫就交了卷。严复很满意,高高兴兴地收了这个学生。

作为清代海军的发源地,福州有许多人家的子弟都去当兵,对谢葆璋加入水师一事,家里人并没有大惊小怪,也不觉得有什么可担心的,反而都很高兴。因为当时谢家的生活并不富裕,教书先生又常被人称为"穷教书匠",能有个孩子当兵领饷当然不是件坏事,所以一家人立刻欢欢喜喜地为他打点行装。北方比不得南方,传说冬天冷得能冻掉耳朵。谢葆璋毕竟还是个十六岁的孩子,家人说是舍得,可也心疼啊!谢葆璋的姐姐用大弟、二弟的两件长衫,加上半斤棉花缝成一件厚厚实实的棉袍。过了几天,谢葆璋就穿着这件棉袍，告别故土和亲人，跟着严复去了天津紫竹林的水师学堂，开始了他的水师生涯。

天津水师学堂是李鸿章仿福州船政学堂创办的，直接为北洋海军输送人才。谢葆璋成了天津水师学堂驾驶班的第一届学生。他与后来的终生好友，同是福州人的萨镇冰先生就是在这期间认识的。萨镇冰当时在学堂里任教习，正好是谢葆璋的老师。谢葆璋学习十分用功，只用了三年时间便学完了全部课程，在三十多名同学中以第一名的好成绩结束了堂课学习，之后到萨镇冰任管带的"威远"练习舰上实习。

当时清政府还没有能力建造军舰，北洋舰队的军舰都是从欧洲采购的。为了扩充北洋舰队，李鸿章向英国、德国订购了四艘主力巡洋舰，分别是"致远""靖远""来远""经远"。以前清政府都是雇洋人把造好的舰送到海岸，有时候难免上当受骗，可货已到了家门口，又加上洋人不可一世，一副要也得要，不要也得要的架势，只好忍气吞声，睁一只眼闭一只眼。这回李鸿章接受了教训，选派北洋舰队的邓世昌、叶祖珪、邱宝仁、林永升四人担任四舰的舰长，当时叫"管驾官"，同时每舰各配一名大副和两名学生协助驾驶，他们由北洋海军提督丁汝昌率领，到欧洲去接新军舰。

谢葆璋作为学生与接舰的四百名官兵从天津出发，随邱宝仁经英国转德国，到伏尔铿厂接收"来远"舰。"来远""经远"两舰从德国到英国与"致远""靖远"两舰汇合,双方在英国举行了隆重的接舰典礼。典礼完全是按西方的礼仪,升旗,奏乐。可是当时的清政府根本就没有"国歌",最后英国人竟随便选了一首名叫《妈妈好糊涂》的传统民歌曲调作为清政府的曲目。谢葆璋感到这实在是对堂堂中华的侮辱。望着缓缓上升的"龙旗",听着十分不和谐的曲调,谢葆璋的心被深深地刺痛了。他握紧了拳头,克制着胸中郁积的悲愤:清政府呵,多少年来,你为什么这么"糊涂",为什么这么孱弱,让你的子民在海外抬不起头来?他暗暗发誓:要永远牢记今天这件事,要让子子孙孙都记下这份耻辱,绝不让这一幕重演。一定要发愤图强。到时候,我们一定会有自己的国歌,再也没有人敢随便用一支曲子代表我们。

四艘兵舰由中国人驾驶,纵穿波涛汹涌的大西洋,绕过非洲南端的好望角,经过瞬息万变的印度洋,顺利抵达了福建厦门。谢葆璋由衷地感到自豪。经过一段时间的休整,第二年它们终于驶入渤海湾,加入了北洋舰队。此后,谢葆璋一直留在"来远"舰上。1889年,由于工作出色,他被破格任命代理北洋水师左营守备和"来远"舰驾驶二副。三年后,他的资历一够,就正式担任了这一职务。

1890年,已是海军军官的谢葆璋在福州老家与十九岁的杨福慈完婚。冰心的母亲杨福慈十四岁时,父母相继辞世，由叔父杨颂岩抚养。冰心的外祖父和祖父是多年好友，经常互相拜访。谢葆璋和杨福慈的终身大事就是在杨福慈九岁那年，两位老人在一起论诗谈文时定下来的。

虽然是父母之命，但小两口婚后情投意合。只是谢葆璋长期在海上生活，恩爱夫妻不得不天各一方，饱尝聚少离多的相思之苦。但距离并没有冲淡他们的感情，反而加深了他们彼此的思念之情。他们书信往来很勤，信中还常以诗词唱和。他们的和谐、美满使大家庭里的人都十分羡慕。

杨福慈是一个心地善良、性情温柔、感情丰富而又很有见识的女子。她的身体十分瘦弱，有肺枝节胀大的病根，每当操劳过度，就会头痛，甚至吐血。在大家庭里，她总是以一种恬淡的心境敬上爱下。她每天除了做家务，就是在自己的房间里做针线活或安静地看书，在书中寄托她敏感的情感世界、排遣个人的离情别绪和对丈夫身处军中生死难料的隐忧。她的针线活做得非常好，屡屡博得冰心祖父的夸奖。他赠送给她一副刀尺，这是其他儿媳妇都没有的待遇。

不久，甲午战争爆发了。1894年9月17日，北洋舰队在护送清政府陆军后返回途中，在黄海大东沟海面遭遇日本海军联合舰队，与之展开了一场恶战。"致远""经远"等舰相继沉没，"广甲""济远"两舰先后撤出战斗，而"来远""靖远"两舰被日本海军"吉野"等四艘快速巡洋舰死死咬住。因寡不敌众，"来远"舰中弹二百余发，尾炮失灵，弹药舱爆炸，全舰燃起熊熊大火。当时，谢葆璋已是"来远"舰的枪炮官，他冒着敌舰猛烈的炮火，置生死于度外，率领士兵奋力救火，终于将大火扑灭，保住了军舰，并驶回旅顺港。"来远"舰是北洋舰队幸存军舰中受损最严重的一艘，谁见了都觉得不敢相信，一艘舰损坏到这种程度居然还没有沉没。

谢葆璋听着这些惊叹，心里隐隐作痛。舰是回来了，那么多朝夕相处、情同手足的战友却再也回不来了。他只要一闭上眼，那火光冲天、炮声隆隆、血肉模糊的景象就会呈现在眼前。最可怜的是他妻子的堂侄。那真像是一场噩梦，一发炮弹打来，穿透了正在扑火的堂侄的腹部，肠子被炸了出来，飞溅到几米高的烟囱上。战斗结束后，是他含着泪爬到烟囱上，把烧焦的肠子从上面撕下来，放回到堂侄的遗体里。谢葆璋真想立刻回到大海上，将炮口对准日本军舰，为堂侄，也为所有阵亡的战友复仇。

1895年初，日本海军再度侵犯威海，北洋舰队英勇抵抗，展开了威海保卫战。日军见正面进攻无法得手，便派鱼雷艇队，在夜幕掩护下，潜入港内偷袭。日军鱼雷艇击中了已受重创的"来远"舰。"来远"舰猛烈地震颤着，迅速地向一侧倾斜、翻转，红色的舰底露出水面，像血一样触目惊心。几年来经过多少次征战的"来远"舰转瞬间沉入了大海，舰上三十多名官兵遇难。谢葆璋在军舰爆炸的一刹那,纵身跃入冰冷刺骨的大海,凭着一身好水性,游到了刘公岛。

甲午战争爆发后,不断传出海军官兵阵亡的消息。谢葆璋的老家福州城笼罩在一片悲切凄凉的气氛之中。就在谢家住的这条街上,今天是这家糊上了白纸的门联,明天又是那家。有子侄在海军中的人家天天如坐针毡,不知道什么时候,那可怕的白纸门联会糊到自己家的门上。杨福慈更是心神不宁,度日如年。她悄悄地买了一盒鸦片烟膏藏在身上,准备一旦接到丈夫阵亡的消息就服毒自尽。她不愿意看到白纸门联糊到自家门上的景象,不愿意想象没有了丈夫后的日子。冰心的祖父一向把杨福慈当亲生女儿看待,他觉察出杨福慈沉默而悲哀的神情有些异样,怕出什么意外,就让两个孙女日夜守在她身边。谢葆璋的姐姐更是急得一面安慰弟妹,一面跑到庙里求签,求神明保佑弟弟平安回家。

在一个风清星稀、明月当空的夜晚,独坐灯下的杨福慈望着明月祈祷,忽然听见一阵轻微的敲门声。她开始还以为是幻觉,但那敲门声却越来越急促而清晰。她急忙起身开门。门开处,正是朝夕盼望的亲人!可是杨福慈简直不敢相信眼前这个骨瘦如柴、目光呆滞、疲惫不堪的人就是曾经英武健壮、风趣温存的丈夫。原来,甲午战争失败后,清政府取消了北洋舰队的编制,水师官兵被遣散回乡。谢葆璋这才辗转回到福州,和家人团聚。

这一对结婚六七年来在一起总共没有多长时间的夫妻，终于可以平静地厮守在一起了。那时，谢家的妯娌几个每人十天轮流为大家庭做饭。每次轮到杨福慈，谢葆璋都会替妻子劈柴、生火、打水，打个下手，好让体弱多病的妻子少干一点儿。

但是没过两年，1899年，清政府恢复北洋舰队，原"靖远"舰管带叶祖珪任统领，原"康济"舰管带萨镇冰任帮统。萨镇冰一向很赏识谢葆璋，他一上任就电召谢葆璋重返水师，让谢葆璋在自己兼任舰长的"海圻"舰上当副舰长，这是谢葆璋军人生涯中的一个新的起点。

让已经三十五岁的谢葆璋更感欣慰的是，第二年的金秋，他终于当上了父亲，收获了他和杨福慈爱情生活的果实——冰心，上帝赐予的爱情的礼物。在那段赋闲在家的日子里，他和妻子过上了平静、安宁、稳定的生活，并尽情弥补了婚后情感生活上的欠缺。从此，充满爱心柔情的杨福慈又多了一个牵肠挂肚的人。很长一段时间，冰心都是家里的独养女儿。虽然后来杨福慈先后生了三个儿子，但冰心始终是她唯一的、最爱的女儿。女儿生下来就像杨福慈自己一样纤弱多病，因此得到了她加倍的疼爱和呵护。谢葆璋更深深地感到这肩上新添的另一份重任的分量。这位英勇爱国、胸怀豁达的军人，十分喜欢这个女孩儿。他在给予女儿大海一般深沉的父爱时，也将大海的情怀注入了她的性情，将水手的性格融入了她的血液，使他娇弱的爱女成长为一个坚强刚毅、经风沐雨的军人的后代。1942年冰心在《我的童年》中写道:"我一生对于军人普遍的尊敬,军人在我心中是高尚,勇敢,纪律的结晶。关系军队的一切,我也都感到兴趣。"就是到了耄耋之年九十一岁高龄时,冰心仍在随笔《漫谈"视听之娱"》中说:"我觉得在我的身躯里有军人之血。"正是这种在血管中汨汨奔涌的军人的血液,这种在心灵中激荡着的大海的波涛,使冰心无论身处何种境遇,都有一种严肃的人生态度。她喜欢整齐、有纪律、清洁的生活,怕看怕听放纵、散漫、松懈的一切。她的个性中有温柔、慈蔼的一面,也有刚强、坚韧的一面。所以当她把这一切形诸笔端时,给人们的不仅有抚慰,同时还有鼓励,使读者在感到温暖之余,也能感到一种力量。

一个有标准军人气质的旧时代军人培养出了一个有浓郁诗人气质的新文学作家,这其中却并没有什么奇怪之处。因为,他们都具有大海一样丰富的情怀,他们正直善良、热爱美好事物的心灵是一脉相承的,他们在各自的领域里都是优秀者。如果说还有什么奥秘,那么冰心已在《繁星》中告诉读者了:

父亲呵!
出来坐在月明里,
　我要听你说你的海。

1901年5月,杨福慈抱着才七个月的冰心登上北上的轮船,离开故乡福州到上海去。上海是个大港口,谢葆璋在巡洋舰停泊时,就可以上岸来和妻子团聚几天。

这是冰心平生第一次坐船,也是平生第一次见到她终生热恋的大海。在北上的轮船上,母亲抱着冰心站在栏杆旁边,海浪声使小冰心很兴奋。她在母亲的怀中手舞足蹈,应着波涛拍打船舷的声音,竟第一次喊出了"妈妈",还会叫"姐姐"。母亲又惊讶又欢喜,一见到冰心的父亲就向他报告这"大新闻"。父亲笑着说:

"世上哪有七个月就会说话的孩子!"

"你笑什么嘛,我说的是真的。我不知道别人家的孩子多大能说话,可我们的孩子的确是。"

"你是喜欢我们的孩子喜欢得糊涂了。"父亲打趣说。

"我才不糊涂呢!我听得真真的。"

"什么真真的,一定是你自己心里这么想来着,想得满脑子都是孩子喊妈,可不就是满耳朵都是'妈妈'的叫声了吗?那她怎么没叫'爹爹'呢?"

"可她还会叫'姐姐'呢!这你又怎么说?"

"哦……"父亲一时语塞,支吾着说,"反正不可能,也许吧,谁知道呢!"

从此这个小家庭中便多了一桩"疑案",每次夫妻俩想起来还要争执戏谑一番。

在上海，他们住在昌寿里一座两楼两底的上海式弄堂房子里，很小的天井，很高的大门。后来冰心的祖父和他续弦的妻子也搬来与儿子、儿媳和小孙女同住。

冰心的祖父在原配夫人去世后，多年没有再娶，直到上了年纪以后才娶了这第二个妻子，家里人都称她为"老姨太太"。在上海时，这位老姨太太除了照顾祖父外，大部分时间都用来打扮小孙女冰心。她的女红活计很好。上海的夏天热极了，许多小孩子都光着膀子纳凉，可老姨太太坚持不让冰心光膀子。她知道冰心的母亲不喜欢花哨的颜色，就给冰心做了一身白洋纱的衣裤和背心，在裤脚衣边还缝上了黑色拷绸的边，看上去既凉爽，又醒目。冰心的母亲感激地对她说：

"让你费心了。"

"那倒没什么，只是太素淡了，小姑娘还是应该穿得鲜艳些好。"老姨太太见冰心的母亲满意，心里非常高兴。

可是等让冰心穿时，她却闹着喊热，怎么说都不肯穿。老姨太太走过来，抚摸着她的头，细声细气可又语气坚定地说：

"乖孩子，这可不行。你背上有块蓝色的'记'，你自己看不到，那是你前生的父母给涂上去的，就为下辈子还能认出你来。这要是让他们看见了，就会来向你爹妈讨人，把你要回去。"

"他们是什么样，我认识吗？是和爹妈长得一样吗？"

"我也没见过。反正是你不认识的，要是他们把你讨走了，你就再也见不到你爹妈了。"

"那我不把背朝着他们不就行了吗？"

老姨太太哭笑不得，说："傻孩子，他们不会转到你背后看吗？而且他们一般都是在你背后出现，一下子就把你抱走了。"

冰心这次真被吓住了，"哇"的一声大哭起来，乖乖地让老姨太太把那身白洋纱的背心给自己穿上。冰心的母亲笑着走过来，抱起她，不停地哄着，大家也全都夸她穿上这身衣服真是漂亮极了。躺在母亲怀里的小冰心这才破涕为笑。

这件事深刻地印在了冰心的心里，再加上她与男孩子没有什么区别的童年生活，使她一生都不喜欢颜色鲜艳的服饰。她最喜欢的服饰颜色是黑色、蓝色、灰色和白色。童年时代也有一两次勉强穿上了稍为鲜艳的衣服，但她总觉着别扭不自在，刚穿上没一会儿就闹着要脱掉。

冰心的父亲每隔几个月可以回来一次。这是全家人最盼望期待的日子，也是全家人最快乐的日子。白天，谢葆璋很少出门探亲访友，怕舰长萨镇冰说不定什么时候就会派水兵来叫他。夜晚，如果是在夏天，谢葆璋会等冰心睡后，带着杨福慈到黄浦滩上坐马车兜风，好好地说说悄悄话，这可是在福州时想也不敢想的。

谢葆璋受过新式学校教育，可以说是个新派人物，对那些新鲜玩意儿，如照相机之类的都很玩得来。他的那个照相机像医生用的急救箱那么大！他还有许多冲洗相片的器具，其中一个玻璃漏斗，冰心后来一直保留在身边。谢葆璋给妻子和女儿照了许多照片，其中有一张保存了很久。这张照片上，冰心的母亲穿着带阔边的衣裤坐在一张有床架和幔帐的床边上，脚下还摆着一个脚炉，冰心就站在她的床旁，头上戴着一顶青绒帽子，身上是一件深色的棉袍。冰心两三岁时，还和祖父、老姨太太在照相馆照了一张相片。祖父和老姨太太坐在茶几的两边，茶几上摆着花盆、盖碗茶杯和水烟筒。祖父穿着夏天的长衫，手里拿着扇子；老姨太太身穿带阔边的上衣，下面是青纱裙子。冰心坐在他们中间茶几前面的一张小椅子上，头上梳着两个形如"丫"的小辫子，身上穿着浅色的衣裤，两手按在膝头，手腕和脚踝上都戴着银镯子。要不是这张相片，长大后的冰心还真不记得给她做过衣服的老姨太太是什么样子了。

　　冰心最喜欢让父亲给自己照相，这一点说明她毕竟还是个爱漂亮的小女孩。只要父亲一拿起照相机对准她，她立刻就变得乖乖的。她那时梳着短头发，虽然身体瘦弱，却精力旺盛，在大人们的眼里似乎没有一刻肯安静下来，就像周围淘气的男孩子一样。夏天，母亲怕冰心热，每天早晨都要把她的头发梳成两个小辫，而这件对别的女孩子来说再寻常不过的事，却成了最让冰心母亲头疼的事之一。每次刚抓起一边头发，小冰心就忍不住动起来。好不容易梳起这边的头发，那边的头发便死活不肯让梳了。母亲实在没有办法时，冰心的父亲就会亲自出马，赶紧抱着他那巨大的照相机来救驾："站好了，站好了，要照相了！头不要动！"父亲说着摆出马上要照的样子，冰心立刻安静下来，盯着父亲的照相机，头一动也不动。母亲趁着这一会儿工夫，赶紧把冰心的小辫子梳好。这样的游戏每天重复上演，冰心却从没感到过厌烦。到她懂事后，母亲把这些事讲给她听时，她才突然觉得小时候真是傻得奇怪，怎么从来就没想到问父亲要相片看呢？

从这个时候起，海与船渐渐地潜入冰心的心里。她和小朋友一起玩时从不像其他小女孩一样玩"过家家"。每次谢家的用人陈妈的女儿宝姐来，冰心的母亲就把她们俩关在屋里，让她们尽情地折腾，自己放心地去睡午觉。宝姐是冰心幼年时最好的小朋友，每次都是她帮冰心打来一脸盆水，然后她们把冰心的所有玩具都抱来，只要能漂起来的，不管是小人还是小马，统统当成船放进脸盆里，看着它们在水上漂浮并"乒乒乓乓"地碰撞个不停，进行着想象中的航行和海战，有时哈哈大笑，有时高声争吵，有时哭声震天，但最后的结局都是一样——地上水汪汪，身上湿淋淋，脸上笑嘻嘻。

家里的院子哪有军舰的甲板大，屋里的脸盆又怎比得了天空下的大海。冰心最喜欢跟着父亲到大军舰上玩，像父亲的"海圻"号,还有其他"海"字号的巡洋舰"海筹""海珲""海容",她都上去过。

在上海的这一段时间里,父亲在家的日子很少,冰心大部分时间还是和母亲在一起。母亲把全部的爱都倾注在了冰心的身上。对这个自幼身体虚弱的小女儿,母亲即使在睡梦中也有着操不完的心。

一天晚上,冰心的母亲见冰心已经睡着了,睡得很香很甜,便关了房门到后屋做家务。上海的夜晚比福州要亮堂得多,热闹得多,时不时有人从弄堂里走过,特别是那些小贩亮着嗓子叫卖,声音中透出几分凄凉。这时她听见一个女乞丐大声求乞的声音,那声音是如此苍老、刺耳,让人心里不是滋味。她不由得停下手里的活计静静地听着。忽然,她听见了女儿的哭喊声。她急忙奔进女儿的房间,看见女儿正惊坐在床上呜咽着,几乎都出不来声了,脸上的冷汗和泪水流在了一起,脸和嘴唇都青了。她心疼地把女儿紧紧地揽在怀中,不停地解释安慰。

"妈妈,你刚才去哪了?我还以为他们把你带走了呢!"冰心抽抽搭搭地说。

"妈妈不是就在这儿吗?妈妈一刻也没有离开你。睡吧,再睡一会儿。妈妈守在你身边,直到你醒来,妈妈再也不会离开你半步。"

冰心生病的时候,母亲更是操碎了心。有一次,冰心病得重极了。当时正是暑日,上海热得人不动都汗流不止。家里人在地上铺了席子，让冰心躺在上面。母亲跪在席子上，隔一会儿就轻轻抱起她，再换一块凉爽点儿的地方。冰心发着高烧，断断续续地一会儿说几句话，一会儿蹦几个词，都是些非常奇怪的充满智慧的话，是母亲从来没有听说过的，是三岁的孩子不可能说出来的话。一向不迷信的母亲竟也以为是神明借着小冰心的口在昭示什么预言。这可把母亲吓坏了，她感到一种莫名的恐怖，感到从肉体到精神都到了崩溃的边缘。她毫不犹豫地打电话催促丈夫回来。可是就在这一夜，闷热的天空中，忽然风雨大作，像是有什么人在空中厮杀一般。后来被忧愁困扰的母亲和重病在身的冰心，以及精疲力竭的乳母全都睡了。等到一觉醒来，母亲急忙去看冰心，发现她的烧已经退了，正笑着睁开眼睛看呢！母亲终于露出了微笑，两行热泪潸潸坠落。她太感谢这场狂风暴雨了，感谢它把女儿从死神手中夺了回来。

　　杨福慈和她同时代的大多数妇女一样，是一位极普通的贤妻良母，一生相夫教子、敬老抚幼，像水中的糖块，把自己溶化在丈夫的事业中，溶化在子女的生命里；但她又不同于同时代的旧式妇女，她有文化，不守旧，接受了许多新鲜事物和进步思想。她不仅在人格上，也在思想上成了冰心人生路上的第一位老师。所以当冰心拿起笔要写出自己心里的话时，首先喷薄而出的是对这种撼动她心灵的、无私而具有牺牲精神的母爱的赞颂："我的母亲是世

界上最好的母亲。"冰心一生中有太多的文字讴歌母爱:

母亲呵!
我的头发,
　披在你的膝上,
　　这就是你付与我的万缕柔丝。

母亲的爱给了她生命;

母亲呵!
我只要归依你,
心外的湖山,
　容我抛弃罢!

母亲的爱滋润了她一生的情感;

"母亲呵!
这零碎的篇儿,
　你能看一看么?
这些字,
　在没有我以前,
　　已隐藏在你的心怀里。"

母亲的爱为她的文学创作注入了灵感；

> 母亲呵！
> 天上的风雨来了，
> 　鸟儿躲到它的巢里；
> 心中的风雨来了，
> 　我只躲到你的怀里。

母亲的爱是冰心的精神家园；

> 母亲呵！
> 撇开你的忧愁，
> 　容我沉酣在你的怀里，
> 　　只有你是我灵魂的安顿。

母亲的爱是冰心最后的灵魂归宿。

而当她丰富和升华了自己得到的爱并将爱回报给他人、奉献给他人时，她首先想到的也是母亲：

> 造物者——
> 　倘若在永久的生命中
> 　　只容有一极乐的应许。
> 　我要至诚地求着：

"我在母亲的怀里,

　母亲在小舟里,

小舟在月明的大海里。"

第二章

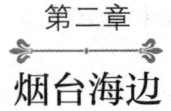

烟台海边

> 万顷的颤动——
>   深黑的岛边,
>   月儿上来了。
> 生之源,
>   死之所!

——冰心《繁星·三》

甲午战争期间,北洋舰队设在旅顺、威海的水师学校全部毁于战火。1900年,北洋舰队的最后一个人才基地、谢葆璋的母校天津水师学堂也毁于八国联军的炮火。1903年的冬天,北洋舰队又在烟台海军练营的基础上建立了新的海军学校——烟台海军学堂。当时担任烟台练营管带的谢葆璋被委任为首任监督(校长)。

烟台海军学堂专门培养舰艇指挥官。在谢葆璋的领导下,学堂短短几年就超过了一些老牌海军学校,在清末的海军学校中名列前茅,成为近代培养指挥官最多的海军学校。抗日战争期间的海军舰艇长中,百分之八十以上都是该校毕业生。

冰心和她的母亲作为那个时代的"随军家属",跟着父亲搬到了烟台。祖父和老姨太太怕不习惯北方的生活,回福州老家去了。

他们在烟台住的七年中先后搬了四次家,最早住在市内的海军采办所,所长叶茂蕃让出一间北屋给他们住。南屋是一排三间的客厅,就成了冰心的父亲会客和办公的地方。后来他们又寄居在烟台东山北坡上的一所海军医院里。这时,冰心的舅舅杨子敬先生也从福州老家来到烟台,帮冰心的父亲做文书工作。两家人就住在这所医院的三间正房里。不久,他们又翻过山坡,搬到东山东边海军练营旁新盖好的房子里。这所房子盖在山坡挖出来的一块平地上,是个四合院,住着筹备海军学校的职员们。冰心的弟弟出世后,他们搬到了海军学校后面的新房子里。

频繁的搬家使冰心对烟台的山山水水有了更多的了解,同时也使她有了更多与周围不同人群接触的机会,开拓了她的眼界,增强了她对生活、对环境的适应能力和接受新事物的能力。因此,每个地方都有使冰心难以忘怀的记忆,仿佛一个家搬了四次就变成了她的四个家。

住在海军采办所时,冰心的父亲正忙于拟订筹建海军学校的方案。这段时间,冰心常和父亲在一起,再也不用像在上海时那样几个月才能见上父亲一面,每次还都有些拘束。新家的一切、北方陌生的环境处处牵动着冰心的好奇心,她时刻纠缠着父亲说这问那。爱她、对她一贯极有耐心的父亲不得不时时停下笔来回答她的问题。有一次，父亲实在有些烦了，就指着客厅墙上的一副对联对她说："你也学着认识字好不好？'此地崇山峻岭茂林修竹，能计三坟五典八索九丘'，这上面的山、竹、三、五、八、九几个字不是很容易认吗？"

这一招果然灵验，冰心真的学着父亲的样儿，拿起一支笔来，坐在父亲身旁，一边学认一边学写，虽然不知道是什么意思，却能把对联上的二十个字都写下来。谁能想到客厅里的一副对联，竟成了冰心最早的识字课本，使她初尝了文字的神秘，引起了她对文字的好感。

第二个家在海军医院，是在坡地上坐南朝北的，正房比较阴冷，但是从廊上东望能看见大海。冰心第一次被白浪滔天的大海和天海相连的宏阔美景震撼了，只想全身心地扑过去：

父亲呵！
我怎样的爱你，
　也怎样爱你的海。

从这一天起，大海就在她的心目中占据了一个极其重要的位置，在以后的岁月里大海像父爱母爱一样成了她最大的情感财富、最大的精神安慰。每当她忧从中来时，只要一想到大海，心胸就会豁然开朗起来，会感到退潮般的平静与轻松;每当她文思枯涩时,只要一想到大海,情感就如涨潮般喷涌激荡起来,一层层闪烁跳跃的浪花尽情地拍打着灵感的堤岸。

练营旁边的家离海最近,北面的山坡上有一座旗台,是和海上的军舰通旗语的地方。旗台的西边有一条路通到海边的炮台,炮台的西边有一个小码头。父亲的舰长朋友们来接送他的小汽艇,就是停泊在这个码头边上的。炮台上装有三门大炮,炮台下面的地下室里还有几个鱼雷,据说是"海天"舰沉没后捞上来的。练营里有一支穿白色军装的军乐队,冰心常常跟父亲去听他们演奏。她最尊敬最羡慕那个站在前面的乐队指挥,觉得那么多人用那么多种稀奇古怪的乐器一起演奏,竟没有乱七八糟,而是变成了一首非常好听的乐曲,肯定都是他在空中很潇洒地划来划去的手弄的。她还有点儿奇怪,大家都这么乖乖地听他的,谁也不淘气,不捣乱!

练营里已经住进了一批新招来的海军学生,同时还住着练勇。他们和兵舰上的水兵不一样,穿的不是白色的军装,而是蓝色的,胸前用白线绣着"海军练勇"字样,头上也不戴水手帽,而是包着蓝布包头。每次冰心跟着父亲走到营门口,等父亲走远后,她都悄悄地拉着刚向父亲敬过礼的练勇蹲下来,摸摸他的枪,和他聊会儿天。有一次,她问一个练勇:

"你也在海上打过仗吗?"

"没有。"他摇摇头说。

"我爹爹打过。"冰心露出一脸的骄傲,旋即又低下头,声音低低地说,"可是他告诉我,他打输了。"

那个练勇一下子站起来,扛起枪,用手拍拍枪托,说:"我知道,你父亲打仗的时候,我还没有当兵呢。你等着,总有一天你父亲还会带我们去打仗的,到时候,我们一定要打个胜仗,你信不信?"

冰心用力地点了点头。这句铿锵有力的誓言和练勇那浓厚的山东口音,一起深深地烙在了冰心的脑海里,经常回响在她的耳边。

谢葆璋是一位杰出的爱国军人,在治校上,他非常注重学生的品德教育,在对女儿的教育上也是如此。他经常有意识地向冰心灌输一些爱国主义思想和人文主义精神。

父亲经常带冰心去海边散步,最后坐在沙滩上说话。可是有一天,父亲抱膝坐在地上,沉默半天不说一句话。冰心挨过去用头顶着他的手臂,说:

"爹,你说这小岛上的灯塔是不是很好看?烟台海边就是美,是不是?"冰心想,说说这些父亲平时常说的话,也许能勾出父亲的话题。

父亲果然打破了沉默,但没有回答冰心的话,而是说:"咱们北方的海岸好看的港湾多得是,何止一个烟台?你没有去过就是了。"然后,他用手拂弄着身旁的沙子,接着说:"比如威海卫、大连湾、青岛,都是很好很美的地方……"

"爹,那你什么时候也带我去看一看。"

父亲捡起一块卵石,狠狠地向海浪上扔去,说:"现在我不愿意去!你知道,那些港口现在都不是我们中国人的,威海卫是英国人的,大连是日本人的,青岛是德国人的,只有烟台是我们的,是我们中国人自己的一个不冻港!"

冰心从来没有看见父亲激愤到这种程度,好像已忘了冰心只是一个七八岁的小女孩,而是把她当成了一个大人,一个可以平等交谈的朋友,在这海天辽阔、四顾无人的地方,倾吐出心里郁积的话:

"为什么我们把海军学校建设在海边偏僻的山窝里?我们是被挤到这里来的。不过,这里僻静,海滩好,学生们可以练习游泳、划船、打靶。将来我们要夺回威海卫、大连、青岛,非要有强大的海军不可。现在大家争的就是海上霸权啊!"

父亲把他参加甲午海战的经历讲给冰心听。他说:"这些事,就像发生在今天一样,永远挂在我的眼前,这仇不报是不行的!我们受着外来强敌的欺凌,死的人,赔的款,割的地,还少吗?"

他接着说:"这以后,我在巡洋舰上的时候,还常常到外国去访问。英国、日本、法国、意大利……我觉得到哪里我都抬不起头来!你不到外国,不知道祖国的可爱,离祖国越远,就对她越亲。但是我们的国家多么可怜啊!不振兴起来,就会被人家瓜分了去。可是我们现在难关又多得很……"

父亲戛然而止,注视着冰心。然后,他站起身来,拉起她,说:"不早了,我们回去吧!"父女间这样的长谈还是第一次。父亲的许多话她都记不太清楚了,但是她牢牢地记住了一句话:"烟台是我们的!"

在烟台的最后一个家有东西两个院子,西院一排五间是冰心一家和舅舅一家合住的。冰心的父亲在自家住的那边、尽东头面海的一间屋子上加盖了一间楼房,上楼就能望见大海。这里离海较远,冰心不能像以前那样天天到海滩上去,要过好些天才能去一次,而且还要等她父亲有空时才行。这间房子当客房用,平时没人住,她的父亲和母亲也只是偶尔想清静一会儿时才上去。因此,"望海楼"便成了冰心最常去的地方。

冰心常常一个人坐在窗前独自面对她百看不厌、空阔高远的景色。从窗前望去,右边是一座屏障似的连绵不断的南山,左边是一带围抱过来的丘陵,土坡上是一层一层的麦地,前面是平坦无际的淡黄色的沙滩。在沙滩与"望海楼"之间,有一簇依山而建高低错落的农舍,亲热地偎依成一个小小的村落。在广阔的沙滩前边,就是那片大海!它横贯南北,直铺到东方的天边。在那海天相连的地方能看见像几笔淡墨挥洒出来的海岛,那就是芝罘岛。岛上有一座灯塔。冰心最心醉的就是在风雨之夜，倚栏凝望那灯塔上一射一收的强光，这种光芒无论何时都能使冰心感到无限的快慰。她觉得这灯塔是世界上最明亮的星星，是海洋的灵魂和夜航者的眼睛。她父亲说看见星星就像看见了灯塔，见了灯塔就像见了亲人。冰心热爱着大海，也崇拜着灯塔。在她看来，灯塔就像父亲，轻轻地拨亮了她心中的明灯，为她理想的风帆照亮了前程。她希望自己也能像这灯塔，或者做一个灯塔的守护人，为父亲那样的水手指路导航。

但冰心最喜欢的还是坐在沙岸上看潮涨潮落，对着奔涌的大海凝思出神。那旷远的天宇下，海浪的回声产生了一种神秘的力量，吸引着她，主宰着她。潮来的时候，仿佛天地都漂浮了起来，她的心也随之上升；潮退的时候，仿佛海岸被吸卷了去似的，而她也随着海浪被带到了远方。这一升一沉，使她脸上笼罩了一层迷惘。特别是在黄昏，休息的军号吹响了，那声音既雄壮又凄凉，在空中、在四面的山丘间久久盘旋回响。这种奇特的音调每次都使冰心落下泪来，忽然觉得在天地山海之间，自己是如此渺小。她听到了别人听不到的声音，看到了别人看不到的景象，形成了与别人不同的思想、情感和性格。她从心底里不怕这种寂寞，不怕这种冷清，不怕这种孤独，从心底里想融入这种她热爱的、一成不变而又千变万化的景色里，消失在一片说不清的空旷辽阔之中。

她这种喜欢宁静、沉思的习惯越来越严重，以至于母亲都开始为她担忧起来。冰心最怕看见母亲凝神的样子，有时连自己走到她跟前，母亲都不知道。才几岁的冰心好像已能看出母亲的忧愁似的，小冰心觉得母亲那样面无表情一定是不高兴不愉快了，肯定是暂时忘了她的女儿。所以每逢发现母亲出神地凝望窗外，或稍微安静下来，什么也不做地待一会儿时，她就会跑过来，用小手摇着母亲的膝盖或手臂，使劲地喊："妈妈，你说话啊！你的眼睛怎么又不动了？"看见冰心稚气焦灼的脸，母亲纵使有再多的忧愁与烦闷也都烟消云散了。可冰心自己却和母亲一样，常常凝神注视着什么，就是一家人吃饭时，她也总是呆呆地望着墙上的字画，或桌上的钟和花瓶。别人都吃完了，只有她还端着碗，像数米粒似的，一碗饭吃上好长时间。母亲发现后，就急急地把她盯着的东西移开。在冰心五岁那年，一天午后，母亲午睡醒来，哪里也找不到冰心。她忙出门找，一开门，看见冰心正呆呆地坐在石阶上，对着大海专心致志地发愣，连母亲走到她身边都没察觉。母亲这才知道，她睡了三个小时，冰心也这样坐了三个小时！母亲心疼得不知说什么好，只有把小冰心紧紧地搂进怀里。

在烟台短短的七年里，冰心随着频繁搬迁的家在这方小小的舞台上漫游，但是无论住在山上还是海边，在冰心的内心深处都有了一个永久的"家"，这就是大海。

大海曾给了童年时代的冰心一种单调的生活，但也给了她充满奇幻想象力的头脑和包容丰盈情感的心灵。海的变幻无穷使她心向往之，海的美丽多姿使她迷恋忘情，海以其深奥与博大征服了幼小而单纯的冰心，使她第一次领悟到哲理的魅力，使她第一次生发了超出年龄的深刻的思考。在她成为一名作家后，大海为她展现了最广阔的文学创作天地，以至于她每次拿起笔来，头一件忆起的就是海。在她的诗中，人们可以听到海浪的对话和鱼美人的歌声；在她的散文中，人们可以拾到沙滩上美丽的贝壳和海空上缤纷的云彩；在她的小说里，人们可以寻到舰船的航迹和迎天的海啸。海是冰心的母亲，冰心是海的女儿，即使有一天她变成海滩上的一撇浮沫，也不能改变她们始终不渝的牵系。

第三章
"野孩子"

父亲呵!
我愿意我的心,
　像你的佩刀,
　　这般的寒生秋水!

——冰心《繁星·八五》

清末的烟台并不是孩子们良好的成长场所——荒凉的丘陵,枯燥的海洋,稀疏的人烟,单调的生活……冰心就是在这样的环境中度过了她童年时代的七八个年头。

刚到烟台的一段时间,冰心的母亲常常生病,家里也不像在上海时还有祖父和老姨太太可以哄着冰心玩,家中显得格外冷清。再后来三个弟弟相继出生,母亲便愈发忙了。冰心便由母亲怀里的娇娇女,变成了父亲身边的"野孩子"。在这里,冰心整年整月看见的只有青郁的山、无边的海、蓝衣的水兵和灰白的军舰;听见的只有山风、海涛、嘹亮的口号,以及清晨、深夜的喇叭声。她没有同龄的女伴,也没有受到过别的小孩子所受到的约束,没有玩过"娃娃",没有学过针线,没有搽过脂粉,没有穿过鲜艳的衣服，没有戴过花。除了母亲、家里的女佣和父亲同事的太太们，她几乎没有见过别的女性，只在家塾里来了一个叫李梅修的女孩子后，才和她玩过有数的几次"过家家"。家里人一直信她是个"男命"，从小就让她着男装，父母叫她"阿哥"，弟弟们也都叫她"哥哥"，就是父亲的朋友见了男装的小冰心，也都以为她是谢葆璋的儿子，夸她是"好英武的一个小军人"，这些都使冰心几乎忘了自己是个女孩子。

  生活安定下来的谢葆璋有了充裕的时间陪伴和引导心爱的女儿。只要一下班，他就会带冰心出去玩，为她打开成人般的更为广阔的生活空间，为她闭塞单调的生活创造更多的乐趣。黄昏时，他带冰心骑马、打枪、划船，夜里，他指点冰心看星星。逢年过节，他带冰心到烟台市里参观天后宫里海军军人的聚会演戏，或到玉皇顶去看梨花，到张裕酿酒公司的葡萄园里去吃葡萄。有军舰进港时，他带她去舰上看朋友。最让冰心赞叹和羡慕的是军舰上的整齐、清洁、光亮、白净。她认识了父亲的好友萨镇冰、黄赞侯（黄钟瑛上将）。她觉得他们都是极严肃、极和蔼的人，他们吟诗唱和时那种"裘带歌壶、翩翩儒将"的风度，更令冰心向往。谢葆璋的同事们也都非常喜欢这个聪明娇憨的"小军人"。每次她一去，那份天真无邪的童趣都会给舰上的官兵带来意想不到的快乐，特别是其中一个"小木鹿的故事"，日后更成了冰心父母经常谈笑的话题。

那是在冰心三四岁的时候,父亲临时决定带她到军舰上玩。冰心正抱着一大堆玩具,她仰起小脸,对父亲说:

"我的水兵小木鹿、小木马告诉我,他们大家也都想去看看大军舰。"

她的话把父亲逗乐了:"可是你的水兵太多了,怎么能全去呢?如果不全去,让谁去,不让谁去呢?不让去的该哭了,所以还是都别去了。"

冰心一听,也没再坚持,眼睛转了几转,说:"那我先把他们都哄睡着了再走。"

她颠颠地跑了,可半天没有出来。父亲以为她生气了,忙跟进去。只见冰心坐在床边,已穿上小靴子的双脚正荡来荡去,正在哄她的"水兵"们睡觉。父亲走过来,说:"他们睡得真香,现在可以走了吧?"

他见冰心仍不下床,就过来拉她。可冰心就是不肯下地,却伸出双臂,说:"爹爹抱!"

一路上,上车下车,冰心都是由父亲抱着,真是"脚不点地"。到了船上,父亲刚要把她放下来,她就立刻嚷嚷要"爹爹抱",还是不肯下地。父亲觉得冰心今天有点儿古怪,平时在大人怀里总是老实不了几分钟,就挣扎着非要下地自己走。于是他不顾女儿的反对硬把她放在地上,想看看到底是怎么回事。冰心只好自己走,两只脚一高一低,一颠一跛,可她却不嚷嚷了。大家看着都不禁

"咦"了一声,父亲以为她的脚出了什么问题,便脱下了她的靴子。她的脚什么毛病也没有,往靴子里一摸,竟掏出一只小木鹿来!父亲和朋友们全都大笑起来,轻抚着冰心红扑扑的脸蛋说:"多可爱的孩子!"

海军学校有两匹马,一匹是白的老马,一匹是黄的小马。白天两匹马轮流被骑下山到城里取文件或书信,晚饭前后,谢葆璋就带着冰心把这两匹马牵出来,骑着在海边的山上转悠。谢葆璋总让冰心骑那匹老实的白马在前面跑,自己骑那匹调皮的小黄马跟在后面。小冰心穿着黑色带金线的小军服,佩着一柄短短的军刀,骑在高头大白马上,心里充满了壮美的快感。有一次,她还骑着大白马差点儿闯了大祸。

那天,父女俩骑马穿过金钩寨,走在寨里的小街上时,忽然从一家门里蹒跚地走出一个刚会走路的小娃娃,一直闯到大白马的肚子底下。冰心顿时不知所措,吓得呆坐在马上,父亲也是一惊,急忙跳下马来。没想到大白马却不慌不忙地横着迈了两步,把路让给了那个小娃娃。父亲这才松了口气,赶紧把这孩子抱起来交给他惊惶惶追出来的母亲。冰心看到那位大婶脸都变了色。父亲回过身抱住大白马的脖子,在它的长脸上亲昵地拍了几下,冰心也感激地看着它,用小手轻轻抚摸它的鬃毛。大白马垂着眼帘,静静地站在那儿一动不动,别提多有大将风度了!

后来,大白马死了,被埋在东山脚下。冰心有时还到它的墓地去看它，每次都从自己家花园里带许多鲜花给它。她想着一身白色的马戴上这些艳丽的花一定很精神、很醒目，可惜那情景冰心看不到了。这么一想，冰心像失去了一位好朋友那样伤感，父亲也很难过，他们从此再也不骑马了。

打枪也是父亲教冰心的。谢葆璋交给小冰心一支跟她差不多高的鸟枪，有时出去时就让她自己背着。她背着枪走路磕磕绊绊、歪歪斜斜的样子谁见了都忍俊不禁，连本来不赞成父亲教她打枪的母亲见了也笑起来。这天，冰心连蹦带跳地飞跑进屋里，见到迎出来的母亲，高兴地大喊：

"妈妈，我学会打枪了！"

母亲笑着拍拍冰心身上的土，装出责备的样子说：

"看你的脸都晒'熟'了！一个女孩子家这么野，大了怎么办？"

"你的孩子大了还会野吗？"背着两杆枪跟在后面进来的父亲笑着说，"再说要不是这么跑跑跳跳，她的身体哪会有现在这么好。你看这几年，不仅没生过什么大病，就是过去的老毛病也没有复发过。"

"都让你给惯的！"母亲脸上露出无可奈何的笑容，父亲脸上则是一脸的得意。

母亲说得没错，冰心的"野"可以说是她父亲的杰作，是他一手惯出来的，一手训练出来的。这也许是因为冰心从小就有吐血的毛病，跟她母亲一样，父亲才对她更多一些娇惯，更多一些纵容，更多一些偏爱。他不让冰心受一点儿委屈，不仅不主张给冰心扎耳眼，就是紧一点儿的鞋也不让她穿。冰心知道父亲宠她，有时鞋子稍微紧了一点，就故意在父亲面前一瘸一拐地走。父亲果然埋怨母亲："你又给她小鞋穿了！"母亲也生气了，就把剪刀和纸样推到父亲面前说："你会做，你给她做。将来长出一双金刚脚，我也不管！"父亲听到母亲这么说，就真的拿起剪刀来要铰鞋样。看着他笨拙的样子，母亲笑着一把夺回了剪刀。

父亲的性情爱好对冰心产生了深远的影响。她像父亲一样喜欢动物，喜欢花木，喜欢星星。

父亲经常在夜深人静母亲休息以后，带冰心到旗台上去看星星，告诉她各个星座的名称、位置。他对冰心说："你看星星不是很多很小、离我们很远吗？但是我们海上的人一时都离不了它。在海上航行的时候，看见星星就如同看见家人一般。"于是天上的星星就在冰心的心里落了户，在她日后的创作道路上也时时闪现着光辉。她给第一部诗集取名《繁星》；帮她最要好的朋友王世瑛把笔名改成"一星"，在作品中提到她总是称她"星儿"；就是过年放焰火，她最喜欢的也不是火树银花般大筒大筒的烟火，而是一种最小、最简单的，只用一条小纸捻卷着一点火花的"滴滴金"。这种烟火可以拿在手上放，点着后发出

"嗤嗤"的响声，冰心喜欢它不仅是因为玩起来不用害怕，更主要的原因是它爆出的点点火星就像是天空中的繁星。星成了她心中许多美丽情愫和神秘思想的寄托，使她"至今爱星甚于爱月"。

冰心经常随父亲参加各种活动，认识了父亲的许多同事和朋友，海边的军官士兵也都很喜欢这个活泼可爱的"野孩子"。有时父亲要办公，没时间陪她，他的同事、下属就会带她去玩。那海边的旗台、山顶的炮台、伸向大海中的海军码头，还有沙滩边上的火药库、龙王庙，都留下过小冰心的足迹。她还会主动找修理枪炮的工人、看守火药库的士兵、船上下来的水手、练营里住着的军官问东问西。他们都是些朴实厚道的山东人，常用一口山东话给这个男孩子气十足的小姑娘讲许多海上新奇悲壮的故事。刚开始时，冰心还真听不懂。但即便是这样，她也愿意和他们接近。正是在这种接触中，冰心学会了爽快、坦白、自然地与人交往。遇见农夫和渔民时，大人们拉拉家常，她也会很用心地倾听。

冰心家里有好多堂兄、表兄，至少有七八个，他们都由冰心的父亲负责教养，有的就在海军学校上学。父亲为把这些孩子拢在一起，就在烟台城里买了一套吹打乐器，有锣、鼓、箫、笛、二胡、月琴等，组成一支家庭乐队，让他们自己吹拉弹唱。可是这支乐队中没有冰心的位子，因为她太小了。只有过年的时候，她可以和他们一起放鞭炮、放焰火，或是看周围村庄里来耍的"花会"，有"跑旱船""王大娘锔大缸"之类的节目。碰到下雪天，小冰心也能加入他们的行列，打雪仗，堆雪人——用煤球当眼睛，用福橘当嘴巴。但平时可没有人陪她玩，冰心就在山上、海边独来独往。五六岁时，她喜欢带着小铲小桶一个人到沙滩上玩沙子，捡回一些漂亮的小石子，养在家里的瓷缸里。再大些时，她也学着男孩们的样子玩蟋蟀、放风筝，也很淘气。

家住在海军医院时，她常去找门房里一位修枪支的退伍军人，蹲在他的炭炉边和他攀谈。每次经过西厢房诊室，她总向那位姓李的老大夫做个鬼脸。西厢房后面的几个大院子里满园果树，遍地鲜花，还养着好几箱蜜蜂。花开时，小蜜蜂嘤嘤嗡嗡地飞来飞去，热闹极了。喜欢花的冰心常去摘花。有一次被蜜蜂蜇了个大包，那位李老大夫一面给她上药，一面哄着哭哭啼啼的小冰心，告诫她说："花是蜜蜂的粮食，好孩子是不抢人家粮食的。"

冰心还喜欢一种小游戏，是在下雨天出不去的时候经常玩的，这就是母亲教她的吹肥皂泡。母亲说阴雨天潮湿，肥皂泡不容易破。冰心按母亲教的，把用剩的碎肥皂放在一只小木碗里，加上水，搅一搅，肥皂化成了肥皂水，然后用一支竹笔套管，沾上那黏稠的肥皂水慢慢地吹，能吹出一个个色彩斑斓的肥皂泡。吹得好时，可吹得像网球那么大。如果用扇子轻轻地扇一下，能飞得很高很高，有时还能分成两三个小球。吹得太大或扇得太急，会把大肥皂泡扯成长圆形，飘在空中更显得颤颤巍巍的，最后总是肥皂泡散裂，肥皂水溅落。淘气的冰心还故意把肥皂泡吹到别人的身上、脸上，看它猛一炸，吓人一大跳。这个小游戏使冰心受了启发，领悟到了希望的诞生与毁灭之间辩证的关系，这只是她对哲理最初的朦胧感觉。在往后的日子里，对于哲理的思索，一直萦绕在冰心的脑际。

第四章
从听故事到读书

我永远感到读书是我生命中最大的快乐!

——冰心《忆读书》

许多人在其一生中都会直接或间接地受到一两本书的影响,而大多数作家是从读书发展到写书的,对书更有一种特殊而强烈的感情。

冰心是个早慧的孩子,她很小的时候便能从父母等亲人那里体察到人类爱的纯洁与伟大,从海洋山峦、树木花草中感悟到自然界的和谐与哲理。这一切给了她丰富的想象力,为她拓展了巨大的空间,也使她萌生了强烈的好奇心和求知欲。她从大人们的谈吐中得知,在她亲眼所见、亲耳所听、亲身所感之外,还有一个更加瑰丽多彩的世界,这就是书的世界。读书,大人们那么郑重地对待的事,母亲在不做家务时怡然自得地做着的事,亲属中比她年长六七岁的哥哥们有时候千方百计逃避的事,原来竟是件非常有趣的事。

虽然冰心四岁就开始识字,但她最初对读书的兴趣并不是由识字,而是由听故事引发的。母亲和奶娘经常给她讲故事。从故事中,她认识了许多不认识的人,等到一个人的时候,就可以慢慢回味,还可以和他们谈话,把自己的心事告诉他们。后来母亲教她认"字片",都是单个的字。她很快认识了两三百个字,开始时的新鲜劲却没了。她觉得认那一个个伸胳膊弯腿,不会说话、不会笑的没有生命的方块字,远没有在山路上骑马、到浅海中划船、听水兵叔叔们讲故事有意思,也没有母亲和奶娘讲的牛郎织女、蛇郎、老虎姨、梁山伯与祝英台的故事吸引人。有一次,母亲把冰心关在屋里识字,她挣扎着要出去,父亲便在外面用鞭子重重地敲着堂屋的桌子吓唬她。可是这鞭子压根儿就没有落到小冰心的身上,她知道父亲才舍不得打她呢,所以这"叭叭"的鞭子声根本就没把她吓住。最后母亲给冰心讲了个故事,才算使她安静下来。母亲和奶娘为了拢住她不往外跑,就多给她讲故事,可有时她们也挺为难,哪有那么多故事啊?只好把讲过的再讲一遍。渐渐地,冰心听着觉得不那么过瘾了。

冰心六岁那年,她的大弟弟谢为涵出生了。母亲要花好多时间照顾弟弟,没有时间系统地教她,就托冰心的舅舅杨子敬接着做她的启蒙教师,他自然也承担了给她讲故事的职责。

杨子敬先生选了当时商务印书馆出版的线装《国文教科书》第一册当冰心的启蒙教材。开始无非是"天地日月山水土木"之类,与母亲让冰心认的字片没有什么区别。

可是接着往下学，有了短句，有了成段的课文，有了中外历史人物故事，冰心才慢慢有了兴趣，"商务印书馆"五个字也印在了她的脑海中。但她怎么也不会想到，她后来会成为能写故事的作家，而她的第一部诗集《繁星》和第一部小说集《超人》竟都是商务印书馆印的。

为了启发孩子们的智力，引起读书的兴趣，也为了鼓励冰心做好功课，杨子敬答应她，晚餐后，只要她的功课做完了，就给她讲故事。每次和冰心一起听故事的还有她的几个表兄。最先讲的是《三国演义》，什么"宴桃园豪杰三结义，斩黄巾英雄首立功"，故事迷冰心比那些整天打打闹闹的哥哥们听得还入迷。她凑得最近，眼睛紧盯着舅舅的脸，生怕漏了一句。她的表情跟着故事中的情节，随着舅舅的表情一会儿喜，一会儿悲，有时还会落下眼泪，引得哥哥们直嘲笑她：别看穿着男孩子的衣裳，到底是女孩子，眼窝子浅。可是似乎每次都是在她听得正紧张的时候，舅舅戛然而止，说"欲知后事如何，且听下回分解"，就忙他的公务去了。冰心心里没着没落的，难过极了。她多想知道张飞举起鞭子打没打那个坏督邮，曹操有没有发现刘备根本不是因为害怕雷声才把筷子掉在地上的！她去问奶娘，奶娘却说："这么晚了，快上床睡觉吧！只要你明天好好念书，舅舅会给你讲的。"奶娘千哄百劝，冰心才勉强脱鞋解衣，带着无限的悬念，含着眼泪上床了，到梦中继续她心中的故事。

自从听舅舅讲故事以后,冰心白天上课比以前认真了许多。舅舅见她功课好,一高兴就给她讲故事。但舅舅工作忙的时候,这个"规律"就不管用了,"下回分解"常变成下下回,有时甚至拖上一星期。这对冰心来说简直是一种折磨,她一心只想让舅舅接着讲故事,什么也做不下去,连奶娘的故事也分散不了她的注意力。羞怯而懂事的她知道,大人专心致志做的一定是重要的事,这时候小孩子是不应该去打扰的,不好明着请求舅舅,急得她直在舅舅的书桌旁边转磨。可是舅舅似乎根本就没明白她的暗示,仍埋头干自己的事。冰心只好向母亲哭诉,母亲心疼地搂着她说:"舅舅也没办法啊,过两天有空,让他多给你讲一段,让你听个够。"

冰心破涕为笑,接着问母亲:"舅舅怎么知道这么多故事呢?"

"都是从书上看来的。他每天都看书,要不就没得给你们讲了。等你再多识些字,你也可以自己看,不用非让舅舅讲了。"

冰心一听兴奋起来,说:"那我就一口气全都看完。"

第二天一大早,小冰心就跑到父亲的书房里,踮着脚尖在书架上找书。当她发现《三国演义》时,如获至宝地一把抓在手里。书里有许多字她不认识,许多词她不理解:"者(诸)位英雄好汉","者位"是什么意思?"何日奏岂(凯)"这"奏"怎么从来没听说过?虽然"秀才读字读半边",可这并不妨碍她急急地往下读。她这样囫囵吞枣一知半解地读下去,好多不认识的字由于重复出现,竟也能被她猜个八九不离十,她的信心大为增强。冰心一口气读到了关羽死,为义薄云天的关帝大哭一场,恨恨地把书扔在一边。过了很久,她才第二次捧起这本书。这一次,她看到了诸葛亮死。她绝望极了,伤心地把书抛在一边,又大哭了一场。最后连她自己都不记得是什么时候才把这本她一生中看的第一本书看完的。这一年,小冰心只有七岁。

冰心这时候看书全是生吞活剥,父亲为了帮助她理解,同时也为了让她调剂调剂、见见世面,虽然自己并不喜欢看戏,却常带她去烟台城里看戏。他知道冰心正在看《三国演义》,就特意点了全本的《三国志》给她看。从《群英会》《草船借箭》演到《华容道》,正是《三国演义》里最精彩、最热闹的段落。演出时,父亲还给听不懂唱词的她一一指认戏中的人物,使她明白了什么是羽扇纶巾,知道了青龙偃月刀的模样。白脸的曹操、红脸的关公、黑脸的张飞、长髯的孔明……书中的人物全都在舞台上活了起来!小冰心伏在包厢的栏杆上整整站了三个钟头,连父亲拍着她的肩膀和她说话,她都没听见。这些最初看过的戏曲不仅提高了冰心读书的兴趣,也培养了她对京戏的爱好,须生、花脸、黑头的戏最令她着迷。

当时还很少有其他儿童读物,而《三国演义》这种章回小说故事成分重、情节突出、悬念感强、场面热闹、容易记忆和讲述，最先引起了冰心的兴趣。而且看得多了，冰心有了鉴赏能力，形成了自己的文学趣味。同是神怪故事，她觉得《西游记》要精彩得多，而《封神榜》则显得烦琐无聊；同是讲绿林好汉，《水浒传》里水泊梁山的英雄，人物个性鲜明、栩栩如生，而《荡寇志》则千篇一律、索然无味。《再生缘》《天雨花》《红楼梦》等都是她再大一些看的。前两部书都是女作者，又写的是孟丽君、左仪贞这样有才干的女孩子的故事，给她留下了较深的印象。至于《红楼梦》，当时还不懂男女情爱的小冰心并没觉得它有多好，相反，很有些男孩子气质的她倒很讨厌贾宝玉的女声女气和林黛玉的哭哭啼啼，只有一个"冰雪净聪明，雷霆走精锐"兼而有之的刚烈女子尤三姐还使她有些好感。她尤其不明白，《红楼梦》里的一家人之间为什么还要钩心斗角，斗成了"乌眼鸡"。

　　还有一本书让冰心爱不释手，那就是母亲针线笸箩里常放着的《聊斋志异》。冰心第一次悄悄地翻看，发现书中有好多好多小故事，多则几千字，少则百把字，一次就能看完一个，不像那种大部头的，要看好久才知道结果。书里神、鬼、花仙、狐狸精，都写得人模人样，不仅有人形，还有人的感情，而且谁和谁都不一样。她仿佛看见每个人都站在她的面前，和她有说有笑，她也跟着一会儿高兴，一会儿流泪。她读《聊斋》都读痴了，海边也不去了,头也不梳了,脸也不洗了。母亲担心她看书看疯了,看入魔了,劝她多出去玩玩,可她根本听不进去。

有一次,母亲放好了洗澡水,让冰心洗澡。可喊了几声都不见她来。母亲走过去一看,只见她抱着本《聊斋》看得正入迷。在母亲的催促下,冰心才极不情愿地走进澡房。可是她进去后,很久都没有出来。母亲心想,这孩子是不是又玩水玩个没完没了,便推开门进去。只见冰心坐在澡盆边的小凳子上,正在偷偷地看书,母亲再一摸洗澡水,已经凉透了。母亲这次真有些生气,她夺过冰心手里的书,用力一撕,扔在地上。冰心趔趄着扑上去,拾起被撕去一角的书,又坐在小凳子上,旁若无人地接着往下看,那份痴迷的样子弄得母亲也无可奈何地笑了。可是书已残缺不全,为了琢磨里面的情节,小冰心只好翻来覆去地看了好多遍,直到十几年后她自己买了一本《聊斋》,才终于把故事的情节拼全。

自从发现了书籍这一宝藏后,无论碰到什么书,冰心都要拿过来翻一翻。继而爱屋及乌,对所有有字的东西都要凑过去看一看。良好的读书习惯和广泛的阅读范围,使她的功课特别是作文大为受益。有一次,作文教师竟在她的作文本上批了"柳州风骨,长吉清才"的评语。小冰心哪里知道什么是"柳州风骨""长吉清才",连柳宗元、李贺的文章都没有读过的她,只不过是在作文中用了文言,而那些又都是从《聊斋志异》上移植过来的。

冰心六七岁时开始到家塾里附学。在家塾里上学的都是比冰心大好几岁的堂兄、表兄。塾师只附带着给冰心讲讲国文教科书，教她写些短小的句子。因此，直到十一岁时，冰心才读完一部《论语》，半部《孟子》和《左传》以及《古文观止》中的几段短篇。大部分时间，冰心则是听塾师给哥哥们讲书。小孩子都有个毛病，让他做的他不爱做，不让他做的往往做得特别起劲。冰心也是一样。她自己已经能读不少书了，所以对塾师教给她的功课根本提不起兴趣，倒是对塾师教哥哥们的作诗写文章有兴趣。到了八九岁，她也要求塾师教她作诗。

"作诗？"塾师怀疑地看了她一眼。

"哥哥们能，我也能。"

"那得先学对对子，你行吗？"

"当然了，不信你出个题试试看。"

塾师一笑，随手写了三个字"鸡唱晓"。冰心不假思索地对了个"鸟鸣春"。塾师又高兴又诧异，连说：

"不得了，想不到你小小的年纪竟已看过韩愈的《送孟东野序》啦！"

其实，冰心还不知道韩愈是谁呢！她只不过是在一张香烟画的后面看到过"以鸟鸣春，以雷鸣夏，以虫鸣秋，以风鸣冬"这四句话，没想到竟记住了，关键时刻还派上了用场。

肚子里攒了那么多的故事和词汇，小露锋芒又受到了塾师的表扬,再加上以往听故事时,常常觉得里面的人物、情节不符合自己的心意,于是,冰心跃跃欲试,想自己写个故事给大家看。第一部是白话章回小说,名叫《落草山英雄传》,有点儿像《三国演义》,又有点儿像《水浒传》。可是只写到第三回,她就因为形容开战时老是"金鼓齐鸣,刀枪并举",形容人又老是"天庭饱满,地阁方圆",要不就是"如雷贯耳,皓月当空"那一套重复到几十次,觉得越写越没劲。此后,手痒难忍的冰心又换了一种形式。这回是仿《聊斋志异》的体裁,用文言文写的,书名是《梦草斋志异》。开头时老写"某显者,多行不道",重复了十几次,她又觉得没意思了,于是干脆罢笔。冰心这种写小说的才能从此沉睡,直到十几年后才体现在她的《超人》等小说里。

但是这一切并不能满足冰心火山爆发式的求知欲。她对当时的新小说和外国小说同样具有浓厚的好奇心,并且能与文化背景完全不同的一群人产生共鸣。她第一次接触的外国小说是杨子敬舅舅给她讲的美国女作家斯托夫人的小说《黑奴吁天录》。晚上躺在床上,一想起汤姆叔叔和那些黑人奴隶的悲惨命运,她就止不住双眼泪涌。她握着眼泪湿透的手绢,在床上翻来覆去怎么也睡不着。

冰心常随父亲到军舰上玩,父亲的朋友们知道她爱听故事,也爱讲故事,常给她讲他们在海上的奇遇故事,然后把她抱到圆桌上,逗她讲三国故事。冰心一点儿也不怯,绘声绘色地给这些大人讲"三英战吕布""董太师大闹凤仪亭"……这些整天与海风海浪打交道的硬汉子们听得聚精会神,觉得这个小姑娘真与众不同。她讲得惟妙惟肖,样子又可爱又可笑。他们纷纷把自己手里曾陪伴他们度过海上漫长寂寞岁月的外国小说送给她作为礼物。结果她从船上回来时,常常出现这样的情景——冰心高兴地在前面又蹦又跳,一个穿军装的水兵抱着一大包书笑着跟在她后面。这些书多半是林译小说,如《孝女耐儿传》《滑稽外史》《块肉余生记》之类,差不多都是家里没有的,它们为冰心打开了了解外面世界的窗子。

冰心八九岁时,塾师林伯陶先生常因为她造句好而在她的本子上批上"赏小洋两角"。她就把这些赏金一点儿一点儿地攒起来买书。为了多攒钱,她作文也比以前努力了。等攒够一定的钱,她就从商务印书馆《孝女耐儿传》后面的《说部丛书》目录里先挑出价格为一角、两角的书,请海军学校每天到烟台城内取信的马夫到城里的明善书局替她买来。再等攒够一定的钱,再买。就这样,她读完了全部《说部丛书》。这些书像中国古典小说一样让小冰心爱不释手,其中好多动人的句子她都能背下来,而且多少年忘不了。她最喜欢的、反反复复读了几遍的是英国作家狄更斯的《块肉余生记》,也就是孤儿大卫·科波菲尔的故事。有一次,她读到大卫受后父欺凌时,又愤恨又抑郁,伤感得无法自持。她赶紧扔下书,跑到外面,当时正是雨天,她也不顾,好像要让这冷雨浇灭她心头的怒火,让凉风吹散她满腹的愁绪。还有一天,她正读到和自己年龄相仿的大卫从虐待他的店主家跑出来,在投奔姨婆的路上饥寒交迫的情景时,母亲刚好送来一个小面包让她当点心。她一边掰着手里的小面包,一块一块地往嘴里送,一边泪如泉涌。她在心里说:"大卫多可怜啊,要是我能遇见他,一定把这个面包给他。而我有一个温暖的家,有爱我如掌上明珠的父亲,衣食不愁,不用被逼着干活儿,可以出去玩,也可以在家看书,这是多么幸福啊。"母亲看见她这样子直纳闷:"你这孩子真奇怪,有书看,有东西吃,你还哭!"其实连译者林琴南老先生都说过,他译这本书时,也被感动得一会儿笑,一会儿哭。那么善良、敏感的小冰心怎么能不为可怜的大卫一洒同情之泪呢?很多年以来,冰心一直把这种心情隐藏在内心深处,不愿向别人说。

写了许多诗歌的冰心,童年时代接触诗歌却相对比较晚。但是她一揭开诗歌女神的神秘面纱,窥见她的美丽容颜,那长期以来在情与爱的哺育下、在山与海的陶冶下产生的诗情诗意便不可遏制地迸发,一发而不可收。

在冰心十岁那年,她的表舅王牵逢从南方来,杨子敬舅舅便让他接替自己做了小冰心的老师。第一次见面,表舅拉着冰心的手随便谈了几句话,就发现她的知识面很宽,便夸她"谈吐风流"。对一些人家堂屋的对联,天后宫、龙王庙里的匾额、碑碣，糖纸上的广告，烟纸画片后面格言式的短句子，冰心都耳熟能详、倒背如流，这些都使冰心在聊天时有话可说。但是上了几天课，多谈几次后，表舅就发现她的知识很零乱。他委婉地劝诫冰心，读书当精而不滥。

在表舅的指导下，冰心开始系统地读书，除《论语》《左传》和唐诗外，还读新旧散文，旧的如班昭《女诫》，新的如《饮冰室自由书》，还第一次接触了《诗经》。

冰心回忆她走上文学道路的经历时说，牵逢表舅是她有生以来第一个好先生。正是在他的循循善诱下，冰心才抛弃了"好读书不求甚解"的习惯，并且发疯似的爱上了诗，最早对小说的兴致倒淡薄了。她背会了一些短诗，虽然懵懵懂懂，但悟性很强，很能领会诗歌的意蕴，而且会在触景生情时从记忆中搜索出一首诗来表达她的感受。如她独立山头时，就会情不自禁地默诵陈子昂的"前不见古人，后不见来者，念天地之悠悠，独怆然而涕下"。似乎只有这首诗才能形容她此时的复杂心情，平息澎湃难抑的心潮。

不过，酷爱古典诗词的冰心却没有耐心特意去背诵，就是成年后也是一样。比如词的"长调"，她能从头到尾背下来的只有岳飞的《满江红·怒发冲冠》和李清照的《声声慢·寻寻觅觅》。想来这两首词表达的壮阔人生和悲凉意绪一定在冰心的心中引起了特殊而强烈的共鸣，才使她不能忘怀。

但是表舅似乎不鼓励她作诗,而只许她作论文。这不但没有打击她的积极性,反而刺激了她的好强精神。她暗暗努力,竟自己写出了一两首七绝。

这种对于诗歌的热爱一直持续到冰心的青年时代和以后的岁月,中国现代文学史上也因此出现了一位不可多得的女诗人。

冰心家的亲戚很多,即使客居烟台海边时,她也生活在一大堆堂兄、表兄中间,在学业上还能受益于舅舅们的指点。舅舅杨子敬是她的启蒙老师,表舅王㚥逢是她有生以来第一位好老师,而堂舅杨子玉则是亲戚中最受孩子们欢迎的小长辈,也是冰心最喜爱的长辈。因为他不像别的长辈那么严肃,能和孩子们玩到一块儿,在小冰心眼里,与其说他是舅舅,倒不如说他更像个大哥哥、大朋友。

堂舅杨子玉是冰心外叔祖父杨颂岩老先生的儿子,在他上面有三个姐姐。杨老先生晚年得子,自然喜不自胜,就给他取了个乳名"喜哥",冰心他们也就跟着称他"喜舅"。

冰心一家住在烟台时,杨子玉正在唐山路矿学校读书,每到夏天就到烟台来度假,住在冰心家。只要他一来,谢、杨两家就热闹起来。孩子们更是欢呼雀跃,天天缠着他陪他们玩,给他们讲故事。

喜舅喜欢喝酒,冰心的母亲很疼爱这个堂弟,每晚必给他准备一瓶绍兴黄酒和一点儿下酒菜。冰心父亲吃饭最快,他还是保持着从前在海军学校的习惯,速战速决,三分钟结束战斗,然后就离开桌子。喜舅却正相反,他总是慢慢地啜,慢慢地吃。他夹起一片笋、一朵菜花或一粒花生米,并不马上放进嘴里,而是要先翻来覆去地研究半天,然后再放进嘴里细嚼慢咽,冰心母亲则若无其事地在桌旁陪着他拉些家常,害得等着他讲故事的冰心坐在椅子上蹭来蹭去,活像椅子上长了钉子。但是小冰心知道,喜舅对孩子们最有耐性,尤其是酒喝好后,兴致更高,最爱讲故事。谁看了他那津津有味的样子,都会以为给孩子们讲故事是他最大的快乐。

  喜舅很懂得讲故事的艺术,知道怎么样来吸引听众的注意力。每次他都是先从孩子们容易理解的小笑话或让孩子们又喜欢又害怕的鬼怪故事讲起,比如讲个最流行的"吊死鬼"的故事啦,把孩子们吓得紧紧地围着他。最害怕的是冰心,每次喜舅讲到《聊斋》《夜谭随录》的"僵尸"或"白面女鬼"时,她都不自然地惴惴四顾,还故意咳嗽。晚上睡觉时,因为害怕像喜舅讲的那样从帐外出其不意地伸进一只"鬼手"来,就把自己的头用被子蒙得严严实实的。但是喜舅讲得最多的是民族意识很浓厚的历史故事,比如洪承畴卖国啦,林则徐烧鸦片啦,同盟会宣传推翻清廷的故事啦,等等,使冰心从小就明白了要把祖先传下的江山牢牢地保住并使国家富强起来的道理。

喜舅对诗歌有些偏爱，在这一点上他和冰心的父亲很合得来。在谢家住着的时候，冰心经常见他们在一起作诗论道，消解心中的郁愤和苦闷，抒发爱国之情，纵谈报国之志。他还拉冰心的父亲和父亲的同事们组织赛诗会，按照大家议定好的题目，限了韵，各人分头作诗，然后传阅，评定名次，还准备了一些奖品，如扇子、笺纸之类。赛诗会总是晚上在谢家的书斋里进行，冰心每次都坐在旁边，听他们热烈讨论，也默默地记住了一些。当然父亲和喜舅是她最注意的对象，只要他们一说话，小冰心就把耳朵竖起来听。

父亲刚吟完他的《咏蟋蟀》，喜舅便鼓起掌来，笑着说："不愧是个军人，作诗也脱不了军人的本色，佩服！"父亲也笑了，谦虚地说："诗言志嘛，我想到什么就写什么，用词当然赶不上你们那么文雅了。"有时赛诗结束了，喜舅和父亲还在交谈，常常谈到深夜。

喜舅假满回校后，还常在给谢、杨两家的信中夹寄几首他写的诗。冰心总是先把诗拿来念，如他写的一首《登万里长城》和一首《月夜寄内》，很多年后冰心都还能背下来。

冰心的舅舅杨子敬、杨子玉都是当时的同盟会会员，经常悄悄从事一些宣传推翻清政府的活动。每回喜舅来烟台度假，都要带来一些当时的"违禁书刊"，其中最多的是同盟会宣传的小册子，如同盟会机关刊物《民报》的临时增刊《天讨》，上面刊登了许多激烈反对清政府的言论，有章太炎的《讨满洲檄》和吴樾的《暗杀时代》等，不仅揭露了清政府的腐朽与专制，而且呼吁人们推翻这一封建王朝，具有巨大的号召力。清政府将这些书视为洪水猛兽，严加禁止，所以大人们也是在暗中传阅，更不敢让小孩子们看，每次看完，都随手藏起来。小孩子的好奇心是最重的，越不让他们看，他们心里越痒痒，越想知道大人们看的是什么书。冰心岁数较小，又是个女孩，大人们最宠爱她，对她也不太提防，哥哥们就怂恿小冰心把大人们枕头下的书偷来给他们看，然后再悄悄地放回原处。就这样，冰心读到了邹容的《革命军》等宣传爱国主义和反封建反专制革命思想的书籍。由于经常阅读革命书籍和家里订的《神州日报》《民呼日报》等进步报刊，她对国事也渐渐地关心起来。

舅舅与他在南方和日本的朋友们经常秘密传递进步刊物和活动的消息，这方面的工作平时都由冰心的母亲承担，她并不避讳懂事的冰心。在一个大雪夜里，冰心帮着母亲把几十本《天讨》一卷一卷地装进肉松筒里，再用红纸条将筒口封起来寄出去。不久收到各地的来信，说：肉松收到了，到底是家制的，美味无穷。冰心奇怪地问："那不是书吗？"母亲轻轻地拍了她一把，俯在她的耳朵上说："你千万不要说出去。"小冰心会意地点点头。

看到长辈们的异常举动，特别是连母亲这样的家庭妇女也自觉地加入了这一行列，冰心感到了自己以为永远不变的天空和海洋正在暗暗发生着变化。

冰心的父亲是一位思想进步的爱国军人，他领导的海军学堂也有许多学生受到进步思想的影响。他们订阅同盟会的刊物，同情和支持当时的革命运动，有的甚至秘密加入了同盟会。

1909年，筹办海军大臣载洵视察烟台海军学堂，对学堂的教学质量很满意。他奏请清政府选派二十名贵胄来校学习，提前毕业，以加强对海军的控制。这一决定引起其他学生的强烈不满，双方互相仇视，经常发生摩擦。在第二年的春季运动会上，为争夺一项锦标，双方发生了激烈的冲突。但是地方官员偏袒贵族学生，要求校方严惩其他学生，谢葆璋不从。清政府便派官员郑汝成来校查办此事。郑汝成是谢葆璋天津水师学堂的同学，他悄悄告诉谢葆璋："朝廷对你治下的海军学校很是不满，京里还有人说你是乱党。我看谢兄不如退身远祸，也免得落个撤职查办。"清政府的所作所为已让谢葆璋彻底失望了，这样的朝廷，留也无益。于是他和不少同事一起递上辞呈，带着妻子儿女告别了他倾注八年心血和半生理想的海军学校。冰心也结束了海边无拘无束的散漫生活。

他们回福州路经上海时，辛亥革命爆发了。当时的情景，冰心以后一回忆起来就心潮激荡。他们住在虹口的一个多月里，大人们每天都要抢着看报纸。冰心没多少事干,她看见大人们在传阅一本叫《烧饼歌》的书,觉得书名很好玩,便从大人那里要来看。这本书开头讲的是明朝开国皇帝朱元璋咬了一口烧饼,看见刘基来了,便把它盖在碗下,让他猜里面是什么。刘基说:"半似日兮半似月,曾被金龙咬一缺,这是一块烧饼。"冰心看到这儿觉得好笑,很佩服刘伯温的聪明,便接着往下看。以下便是朱元璋请刘基算一算将来的国运,刘基的回答全是七个字一句,一直算到明代覆灭。冰心虽然记住了其中几句话,但并不懂。父亲就给她解释说,老百姓不懂什么是革命,套用迷信的说法,他们比较好接受。这种迷信书无聊得很,看看罢了,还是应该多看看报纸上的时事。有一天,父亲激动地指着报纸上慷慨激昂的电报给小冰心看,告诉她那下面署名的黎元洪就是他在天津水师学堂的同学。冰心这才觉得这场她还不懂的"革命"一下子距她近了好多,兴奋得也想亲自做些什么。她看见大家纷纷捐款劳军,也把积攒下来的十块压岁钱送到《申报》馆,要求捐给"革命军"。报社接受了她的捐款,并给了她一张凭据,上款写着"幼女谢婉莹君"。

第五章
回到福州

> 故乡在我的回忆中,就永远是明丽温暖的!
> ——冰心《我的故乡》自序

冰心出生在福州,后来母亲带冰心随父亲到了上海,祖父也到上海和他们一起生活了好几年,但直到冰心十一岁时,从烟台经上海第一次回到福州以后,她才对故乡和祖父有了真正的了解。

冰心于1911年冬季从上海乘海船回福州。当船驶进闽江口时,展现在冰心面前的是青山碧水、红花绿叶。看惯了海天一色的蓝,面对着满眼的绿,乍从寒冷枯黄的北方归来的她又惊讶又高兴。这种变化仿佛是冰心开始新生活的一种象征,预示着她生命的风帆已从蔚蓝的海,驶进了碧绿的江。她的性格也发生了变化,在海的豪放浪漫中,增添了江的细腻和温柔。

这次回来,祖父他们已不住在冰心出生的隆普营,而是搬到了城内南后街杨桥巷口万兴桶石店后的八十六号。这里曾是林觉民的家,他在1911年4月被清政府杀害。他的家人害怕株连,很快就搬走了,把宅子卖给了冰心的祖父。林觉民临刑前写过一封给妻子的信，流传很广，冰心也听大人讲起过，因此对这房子便有了一种特殊的感情。再加上在烟台时，自从冰心学会写字，父亲就常督促她给祖父写信，信封也让她自己写，这个很长的地址她都能背下来了，所以对这个家她并不感到十分陌生。

比起祖父先前那座有一个水池，池里养着小金鱼的隆普营的房子来，这所房子要大得多，而且具有福建民居的典型特征。除了中轴建筑以外，房子两边还有好几个院子，但又不同于北京的四合院。每一排屋子的前面有一个长方形的天井，每个天井里都有一口井。特别是在北院里还有一幢坐西朝东的两层楼房，房子后面是一个小花园。在整个院落中，几乎所有的厅堂、客室和书房的柱子上、墙壁上都贴着或挂着书画、对联，从这些书画、对联中能看出这是一个简朴而文化氛围浓郁的和谐的大家庭。其中对冰心的思想产生极深教育意义的是西院客室楼上祖父自己写的对联"知足知不足，有为有弗为"。从这副对联中，冰心感受到了祖父恬淡而清高的品格。还有就是伯叔父母居住的东院厅堂的楹联"海阔天高气象，风光月霁襟怀"，这与冰心在海边形成的心胸和性格不谋而合。

在这个大家庭里实行的是合居分灶。冰心祖父的几个儿子包括冰心的父亲分成四房，分住在大厅堂的两边，祖父和冰心父亲这一房一起过。由于与祖父朝夕相处的时日较多，小冰心知道了许多祖父的故事和那些未曾听说过的家世。

在冰心祖父的书架上有一本薄薄的套红印的家谱,上面记着:谢家从江西迁移而来,在福建落脚后,可考的第一位祖先是昌武公,以下是顺云公、以达公。再后就是冰心的祖父了。

谢家几世以来都很贫寒。冰心的曾祖父以达公是福建长乐横岭乡的一个贫苦农民,因为天灾,逃到福州城里,后来当了裁缝。当时还有好多遭灾或失去土地的农民,都是这样身无分文,凭着剪刀、厨刀、剃刀"三把刀"的手艺谋生。

那时候在福州给人家做衣服没有一手交钱一手交货的,都是先欠着,赶到春节、端午、中秋三节才能到人家里收账。有一年春节,去要账的冰心的曾祖父两手空空垂头丧气地回来了。等米下锅的曾祖母一问才知道曾祖父因为不识字,被人家赖了账,不仅没收回钱,还遭到一顿羞辱。曾祖母什么也没说,就这么相对沉默了一会儿,便含泪走了出去,半天没有进来。曾祖父觉出不对头,出来看时,见她已自缢在墙角的树上了。他忙把她救下来,两人抱头痛哭。这一对年轻的农民,在寒风中跪下对天立誓,将来生了儿子,拼死拼活也要供他读书识字,好替父亲记账,再不会因为不识字而吃苦头、受屈辱。曾祖母第五胎得了个儿子,这就是冰心的祖父谢銮恩。曾祖父母给他起了个乳名叫大德,大概是感谢老天有眼,大恩大德,终于赐给他们一个能成才的孩子吧。就这样祖父成了谢家几代以来第一个读书识字的人。

冰心一家回到福州后,横岭乡的几位父老闻讯赶来,请求冰心的父亲回乡一趟。他们战战兢兢地来到谢家的客厅里,推举一位岁数大些的人对父亲说:

"老爷,咱族里出了老爷这样的大官,真是祖上积德,是几辈子修来的福气。可是咱们横岭乡又小又穷,总被人欺侮。老爷能不能带几个扛枪的兵勇衣锦还乡,向四邻八乡示示威?也好让他们有所顾忌,不再欺侮我们无人。"说着递上一个用红纸包着的见面礼,"这是一百个银角子,礼虽薄,却是乡亲们凑起来的一点儿心意,望老爷别嫌弃,一定收下。"

父亲郑重地接过一百个银角子,细细地端详了一会儿,又郑重地还给他们,恭恭敬敬地说:

"你们的心意我领了,可是这都是你们的血汗钱,我不能收。这样吧,我跟你们回去祭一次祖,可是我没有兵,即使有也不可能带。"

父老们虽然有些失望,但还是很知足了,对父亲千恩万谢。

这一切,冰心都看在了眼里,想起平时听说老家穷得只能送孩子出去做戏子讨条活路,又联想到烟台同样穷苦的农民,心里涌上了一股说不出来的难过滋味和强烈的不平情绪。

祖辈寒微的家世和悲惨的生活，使没有体味过人生辛酸冷暖的冰心那颗纯洁的心震颤了。她忽然意识到，她的根不在烟台明媚的海中，也不在福州繁华的街巷，而是深深地根植在横岭乡的田地里。她自己也不是乌衣门第，而是一个不识字、受欺凌的农民裁缝的后代。冰心对劳动人民产生了一种发自内心的同情与热爱。这种情感在她日后歌颂美好事物、批判不公平社会现象的文学作品中得到了进一步的升华。她的一个堂兄不让她把祖先的这段经历告诉别人，这使她很反感，认为他是忘本和轻农。这以后，在填任何表格时，冰心都不写谢家惯写的祖父进学的地点福建闽侯，而写福建长乐，以表示对这种世俗偏见的不满和反抗。

祖父不仅用家世教育冰心，也用一言一行为冰心树立了榜样。冰心从祖父身上不仅学到了丰富的知识，也学到了做人的原则和生活的态度。

在道南祠以授徒为业的祖父虽然已是福州城内颇有声望的塾师，而且有一个在外面做军官的儿子，此外又结交了不少福州城里有才学的名气很大的朋友，如近代著名翻译家林纾（字琴南）和思想家严复（字又陵），但他在日常生活中仍保持着劳动人民的本色。

祖父有空时喜欢到城外的南台访友。这条路很远，还要过一座大桥，有钱人都是车来马去，可祖父从来不坐轿子。倒不是舍不得这点儿路费，他是觉得被人抬着，看到轿夫汗流浃背的样子实在不忍心。可是晚辈们坐轿他也不干涉。晚辈们见了冰心的祖父都赶紧下轿,向他致敬。祖父从来不觉得被人看见走路有什么可羞愧的,倒是觉得让别人翻身下轿向自己敬礼有些尴尬。所以只要他看见有认识的晚辈坐着轿子迎面而来,就赶紧转过身去,装作看街旁店里的东西,也免得人家下轿。

"爷爷,你真的好多年没坐过轿子吗?"冰心将信将疑地问。

祖父一笑,说:"哪有那么绝对,我这些年也坐过两次。一次是因为我手里捧着一部曲阜圣迹图。你想,我是福州尊孔兴文会的会长,把圣书夹在腋下,一手举着伞,一手提着长衫,急急忙忙地赶路,那成何体统,太不恭敬了。"

"那还有一次呢?"

"那次是因为一位老朋友送了一只小狗,就是现在我们家这条和你一般高的金狮。这只小狗淘气着呢!抱在怀里扭来扭去的,一点都不听话,那么远的路还真不好抱啊。而且也怕在地上走它会认识回家的路,没两天就跑了。于是就沾了它一次光。"祖父说到这儿开心地笑了。

过惯山边海隅寂寞荒凉日子的冰心,突然走进这么一个成天人来人往的大家庭,身处一大堆与自己年龄相仿的孩子们中间,在与他们的笑语喧哗、追逐嬉戏中,冰心那颗孤独的心渐渐开朗起来。她不再喜欢一个人游玩或长时间地关在屋里看书,而是一有空就扎到兄弟姐妹群中,与他们一起游戏。她体会到了做女孩子的感觉,同时也得到了从未有过的那种需要别的孩子、也被别的孩子需要的欢乐。

在回老家的路上,冰心的父母一再嘱咐小冰心:"莹官,回到爷爷身边,那个家人多,没点规矩是不行的。所以,你可不能再像'野孩子'似的,要处处小心,对长辈们不能没大没小,不许使性子。特别是爷爷,他是一家之主,你更要尊敬。"

可是一回到家,冰心才觉得父母不过是在吓唬她。冰心的祖父有四个儿子、一个女儿。这五个家庭关系亲密,平时常来常往,他们各自的亲戚也时有走动。他们都没把小冰心当"野孩子",反倒对她格外亲昵。他们没有那么多讨厌的规矩,大家生活得都很随意、很快乐。

祖父虽然是一家之主,却十分慈祥,对小辈们家里的事也很少横加干涉。只有一件事,使小冰心感到过一点儿这个一家之主的威严。

冰心回家不久,福州有了电灯公司。祖父一向对新鲜事物接受很快,便决定给家里也安上电灯。安电灯的几天,孩子们像过节似的,兴奋地跟着安装工人满屋子乱跑。工人们在每个房间里都安上了一盏电灯,总共大约有五六十盏,只不过厅堂和客房用的是五十瓦的,卧室的则小一点,到了厨房就更小了。第一晚灯亮起来的时候,刹那间，古老的宅院一下子灯火辉煌，像掉进了星河里。小冰心和兄弟姐妹们又是拍手蹦跳，又是大声欢呼，一想到再也用不着昏暗的、一有风火苗直晃悠的油灯了，简直高兴得不想睡觉。可是总电门是安在祖父屋里的，他有严格的作息时间，早起早睡，每晚都是九点钟上床，而上床前总是先把电闸关上。这项规矩谁也不敢反对，只好各自备好煤油灯，快到九点时点上，捻到最暗，等电灯一灭，再悄悄地把煤油灯捻亮，小孩子们继续谈笑玩耍。祖父也乐得假装不知道，从来不管。

　　大家庭里的晚辈对祖父都非常孝顺。小冰心记得有一次祖父头痛，静静地躺在他的房里。这一天全家人都静悄悄的，走路提着脚跟，说话不敢高声，连祖父抱回来的大黄狗金狮也因为家人怕它叫而被关到了后花园里。到吃饭时，母亲给祖父下了一碗挂面放在厨房的桌子上，四叔母轻手轻脚地端起来，放到祖父床前的小几上，又在旁边放了一小碟"苏苏"熏黄鸭。"苏苏"是福州鼓楼一家很有名的熏鸭店的店名，也是店主的名字。冰心好奇地看着那个小碟子，心想这菜平时很少买，一定很贵，要不是爷爷病了，家里肯定不会买的。

　　冰心回到这个家后，恢复了女孩子的装束。她被好心的姐妹们包围了。姐妹们教她怎样用五色丝线绣花，做成好看的活计；怎样梳三股或五股的辫子，怎样用红头绳扎出寿字、喜字等花样；怎样把散发着芳香的美丽的花插在头发上；怎样调脂弄粉，抹在脸上、唇上，然后再对着镜子照一照。她们告诉冰心，说话和吃饭时不能像男孩子们那样大大咧咧、粗声大嗓、狼吞虎咽，而应该端庄温柔、细嚼慢咽。女孩子嘛，总还应该带点儿娇贵的样子，不高兴时可以流眼泪，也可以耍点儿小脾气，比如不吃饭、不说话之类的，大人一见就心软了。伯叔母们也很关心这个小侄女，发现她十一岁了还没扎耳眼（这在当时是极不正常的现象）就提醒冰心的母亲。但是冰心的父亲一听立刻表示反对："你们看，伊哥左耳垂后面正好有颗'聪明痣'，很少见的，这种痣扎不得，扎穿了，孩子就该变笨了。"冰心惊奇地看着父亲，她还是第一次听说自己左耳垂后面有颗痣，而且还是颗不常有的"聪明痣"。伯叔母们听父亲这么一说，也就不再提了。

女孩子们名堂很多的生活使冰心感到十分新鲜，一下子便被迷住了。只是偶尔她看到窗前挂着的父亲送给她的佩刀时，仍会想起在海边那种自由自在的生活和再也没看到的军舰和士兵，不知不觉地掉下几滴眼泪，姐妹们在窗外叫她，她也不理。

有时冰心觉得冷清时，就去找堂哥表哥们玩。当时，即使是表兄妹，也是男女有别，很少有机会见面，而十二岁的小冰心却有这种特权，可以在两边跑来跑去。这些比她大七八岁的男孩子，开始时并不把这个有点儿男孩子作风的小妹妹当回事，既不欢迎，也不排斥，做什么都不避讳她，一句话，就当没她一样。后来他们发现她是唯一能替他们给表姐们捎信的人，才对她特别欢迎。不过，当时这些半大小子也是出于好奇，跟着起哄，并不很当真。所以他们的所谓情书、情诗多半都是先在兄弟群中公开的，而且胡编乱凑的居多，好不容易有一首让冰心觉得不错的还是抄的！表姐们呢，对这些东西更是连看也不看，一笑了之，还叮嘱小冰心用不着告诉大人。

在这种大家庭里过年就显得更热闹了，从腊月二十三一直要闹到元宵节。先是大人们忙着打扫卫生，还要把平时不用的祭"灶王爷"的铜锡器具擦洗干净。主妇们还要准备好糟的和腌的鸡鸭鱼肉。

干完这一切，大伯母就坐在自家前廊上，默默地把锡箔纸叠成银元宝的形状，叠好后吹得鼓鼓的，再用线穿起来。别的孩子看惯了，都不感兴趣，只有小冰心从来没见过锡箔纸，更没见过叠元宝，就常凑过去帮她叠。大伯母很高兴有个小帮手，就端个小凳让她坐下，耐心地教她叠和吹。

"大伯母，你叠这么多元宝干什么呢？"

"祭祖用呗。时间过得多快啊，转眼又一年了。"大伯母说着叹了口气，不由得低声哼着从平话本里记下来的两句诗"光阴似箭催人老，日月如梭赶少年"。

冰心听着笑了，说："大伯母，要是像你唱的那样，光阴真的似箭，日月真的如梭才好呢！那我们就可以天天过年了。可是我们老是盼啊盼的，新年却老是不来。"

大伯母停下手里的活，抬起眼，从大铜边眼镜上面注视着小冰心，看了半晌，才长长地叹了口气，说：

"你这么小，懂得什么？日子过得快有什么好，人啊是身体一年不如一年，心情也是，人还没老呢，心已经老了。等到真的人也老，那……"她把一只元宝举到冰心眼前晃晃，说，"那就只好等着用这个了。"

看着小冰心惊怕恐惧的目光，她又叹了一口气，说："嗨，我跟你说这个干吗？看把你吓的。其实等到你长到我这把岁数，自然而然就明白了。唉，要是你永远不懂，那才是你的造化哩！一寸光阴一寸金，记住啊，莹官。"接着，她自言自语地说："这年一过，又老了一岁啊！"说完又叹了一口气。小冰心看着大伯母心事重重不住叹气的严肃样子，不由得点了点头。

祖父是不管过年前的这些杂务的，他只管写春联。大年初一早晨，他一定要用红纸写一条"元旦开业新春大吉"的条幅张挂起来。

春节期间，亲戚们来来往往走马灯似的，小孩子一拨又一拨，小冰心看见祖父拿着的一大沓装压岁钱的红纸包转眼间就发完了。

小孩子们不仅自己家里有好吃的好玩的，还能从姥姥家得到许多好东西。其中必有用来糊上"灶王爷"嘴不让到天上说坏话的灶糖、灶饼，还有小孩子们最喜欢的灯笼。福州话里"灯"与"丁"同音。给别人家的孩子送灯，不兴有几个孩子就送几盏，一定要多送一盏，取"添丁"的意思，也是图个吉利。那时冰心的弟弟中最大的不过六岁，所以这多出的一盏自然就属于她了。这些灯有纸的，有纱的，也有比较少见的玻璃的。冰心把画着她熟悉的三国故事"三英战吕布"的走马灯挂在家里，一手提着装着两只大泡泡眼能转动的金鱼灯，一手拉着脚下有轮子的白兔灯，跑到同样提着各式各样灯笼的小孩子们中间，互相比赛，互相炫耀。谢家住的街上是一个大灯市，一到元宵夜，灯都点了起来，照得通明，像白天一样。小冰心和孩子们由家人带领着，在人群中尽情地穿梭，那份热闹劲儿是烟台东山海边所没有的。这一切都使她进一步领悟到这个世界不仅仅有她的家，有她的大海，还有更丰富多彩的内容。

冰心的祖父谢銮恩老先生主持的家，是一个人丁兴旺的大家庭，孙子辈的有十几个，但祖父最喜欢的还是冰心。一来因为冰心不常在家，二来因为她虽然常去他的书房看书，却十分懂事，每次看完都完好无损地放回原处，从没有翻乱他的书籍。

祖父和冰心家这一房住在一进院子里。他的那半边前后房只有他一个人，摆了满屋满架的书。只要祖父在家，冰心就在他身边转来转去，缠住他问这问那，要不就一头钻进祖父的书房里翻书看。与父亲书桌上严复先生译的英国名作家斯宾塞的《群学肄言》和穆勒的《群己权界论》等社会科学方面的书相比，冰心还是更喜欢祖父书架上清朝袁枚的笔记小说《子不语》，还有林琴南翻译的线装法国名著《茶花女遗事》等有情节的文艺类书籍。

冰心的祖父思想开明，很喜欢他的几个孙女，所以平时对孙女倒比对孙子们更亲热、更宽厚。平日他发现孙女们有什么不是，差不多都会视而不见地让它过去，不会去追究，更不会去告诉她们的父母。

冰心和四叔母的女儿三姐经常自告奋勇为祖父装烟。她们俩看着祖父喷云吐雾时露出的怡然表情，心里很是羡慕。那烟从祖父嘴里喷出来，新鲜而有趣，那烟的味儿也非常好闻。她们一直想亲自尝试一下。一天，祖父扣上前门，从后房出去到南台访友。他前脚刚走，留在他房里替他叠衣服的小冰心和三姐立刻扔下了手里的活儿。小姐儿俩高兴坏了，冰心说：

"三姐，我们试试爷爷的水烟吧，看看为什么爷爷把这些东西吸进去就能吐出烟来。你先替我望望风，然后我替你，好吗？"

"你真傻，爷爷刚出门，哪那么快回来，这会儿没人会来的。"三姐老练地说。

于是姐妹俩学着祖父的样子，从容地拿起水烟袋，吹起纸煤，轮流吸起烟来。她们哪会吸啊，不一会儿就弄得一屋子烟。正在她们呛得直咳嗽时，祖父忽然从后房进来，吓得她们慌忙放下水烟袋，拿起他的衣服乱抖乱甩，想赶跑屋里的烟雾。但祖父看见她们两个的狼狈样既没有说话，也没有笑，就像没看见她们和这一屋子的烟似的，拿起书桌上的眼镜盒又走了出去。姐妹俩的心怦怦直跳，泄气地你看看我，我看看你，相对苦笑，想尝试水烟滋味的好奇心和勇气早跑到爪哇国去了。二人悄没声地叠好祖父的长衫，轻轻带上门出来，对谁也不敢提这件事。整整一天里，二人提心吊胆，生怕祖父回来找她们算账。可是，事情过去好几天了，祖父也没提，像是早忘了这事儿似的。家里其他人就更不知道了。

祖父是一个传统的知识分子，他治家也是很严谨的，不许家人养成不良习惯。他最恨赌博，认为赌近盗，败家害业。所以谢家即使在岁时节庆，也从来听不到搓麻将、掷骰子的声音。但任何"统治"都不可能是铁壁一块，冰心四叔母屋里就有一副很讲究的象牙麻将。有一次冰心还着实过了回瘾。

那是在冰心回到故乡的第二年，父亲奉调离开了福州，冰心在女子师范的第一个学期还没有读完，暂时留在了家里。冰心母亲怕丈夫不在家，家里人会更娇惯小冰心，就让她寄住在外婆家。但是宠爱她的祖父见不着这个宝贝孙女心里就不踏实，常叫冰心的奶娘去接她回来。奶娘很会说话，找的理由总是让人无法拒绝。这次，她一见到冰心就说：

"莹官,你爷爷让你回去吃龙眼。他留给你吃的那一把龙眼,挂在电灯下面,你再不回去,都烂得差不多了。"

冰心从小爱上火,祖父说她吃几颗荔枝眼睛就烧红了,所以只让她吃龙眼。

当兵的堂兄良官这段时间刚好从兵舰上回来探亲,小冰心就叫上他,还有二伯父的儿子四堂兄枢官和三姐,等到祖父睡下后,由冰心出面向四叔母要出那副麻将牌,到西院的后厅里玩。打着打着,冰心发现自己竟然拼成了一副"对对和",她得意地拍着桌子叫了起来。这时住在后房的四叔母急惶惶地推门进来,低声喝道:

"你们的胆子真是比天还大呢!四妹,别以为爷爷宠你,就这么毫无顾忌地大呼小叫。要是让他知道了,他再也不会像以前那样疼你了,还得说我不会管教你们。快快收起来吧!"

冰心吓得连声答应着,赶紧把牌收好还给她。

由于祖父的宠爱,离开大海又换了女装的冰心几乎没有受到那个时代普遍存在的、来自家庭内部的对女性的摧残和压抑。她仍然可以随心所欲地发扬个性,从而拥有了完整的思想、健康的心灵和自信的精神。

冰心的曾祖父因为不识字吃了亏,所以下决心省吃俭用供冰心的祖父读书,使他成了谢家几辈以来第一个识文断字的人。因此,自祖父一辈起,谢家上下的读书气氛就很浓,不光男孩子,就是女孩子也尽量让她们识字,能够知书达理。

　　冰心虽然从四岁就开始识字，但因为生活在烟台偏僻的军营里，顶多是在七八岁以后到家塾去附学，却一直没有机会进正规学校。回到福州后，她1912年考上了福州女子师范学校预科，成为谢家第一个上学的女孩子。

　　福州女子师范学校坐落在城内花巷的一所环境幽雅的旧家大宅内。学校里有一个很大的院子，院子中央有一个挺大的池塘，池上有一座石桥，将两处亭馆联结起来。冰心上课的教室旁边，也有一个小水池，池边种着芭蕉。校长方君瑛女士是黄花岗七十二烈士之一方声洞的姐姐，作文教师是林步瀛先生，还有一个姓石井的日本女教师教她们体操。

　　祖父非常支持冰心上学读书。在一个冬夜，他握着冰心的手说："你是我们谢家第一个正式上学读书的女孩子，你一定要好好地读呵！"从祖父口里，小冰心了解到，她的四位姑奶奶都不识字，一来因为穷，二来因为她们是女孩子。因为是女孩子，就首先成为穷的牺牲品；因为是女孩子，就失去了读书的权利，这使小冰心深感难过和不平。

　　大家庭里的伯叔母们一听说冰心要去上学，很不理解。有的说："女孩子识几个字已经很不错了，又不指望她中个女秀才，用得着这么兴师动众正儿八经地跑到学校去学吗？"有的说："女孩子出嫁前就应该在家里学学针黹

(zhǐ)，帮父母照顾弟妹，哪能这样到外面抛头露面呢？"要不就是说："到底是女孩子，娇滴滴的，哪受得了那份苦，一定三天就哭着跑回来了！"

但冰心的母亲不为这些言论所动，为了鼓励她好好读书，还给她讲了自己十八岁时的一件事。那是在她哥哥结婚的前夕，家里的长辈们正在布置新房，一直在旁边看着的她忍不住高兴地说：

"小桌上能不能放一瓶花呢？要不显得少点什么。"

她的一位堂伯母立刻搭拉下脸，看着她说："这里用不着女孩子插嘴。女孩子的手指头又当不了门闩！"

这句话使她很受刺激，心里愤愤不平。心想：为什么女孩子处处不如男孩子？为什么男孩子的手指头可以当门闩，女孩子就不行呢？所以，冰心上学后，她经常提醒女儿：

"莹官，现在你终于有机会和男孩子一样到学校里念书了，这是娘小的时候想也不敢想的。你一定要争气，为女孩子争口气，也为娘争口气。读好书将来一定要出去工作，自己养自己。有了经济上独立的能力，你就不用依靠别人。那时候，你的手指头也能像男孩子的一样，能当门闩使了。"

但是在无人看管的海边野散惯了、在祖父偏宠下娇纵惯了的小冰心却不能一下子适应学校里中规中矩、古板乏味的生活。头几天里，她不知偷偷流过多少眼泪。但一想起祖父和母亲鼓励的话,同时也怕本来就反对女孩子上学念书的伯叔母们借机劝她辍学,就谁也没有告诉。很快,冰心就适应了学校的环境,也和同学们熟识起来,特别是认识了比她大三四岁的在本科三年级读书的王世瑛。从王世瑛身上,她体验到了手足亲情之外纯洁美好的友情。王世瑛是她们班里年纪最小的,所以常和低年级的同学玩。她梳辫子,穿裙子,脚上的平底鞋上还系着带子,一副憨厚活泼的样子,又特别爱玩,一点儿也不摆大学生的架子。她很喜欢文静害羞、有时又显得很爽快的冰心。冰心觉得她是个大姐姐,在她面前总有些怯生生的,但是心里很喜欢她。她当然想不到,就是这个王世瑛后来竟成了她一生的朋友,而且是最有情的朋友。

冰心在这个学校学了三个学期,受到的是近代式的教育,在传统文化知识之外,开始接触一些浅显的科学知识,她的知识面出现了一次飞跃。渐渐地,她对数理化的兴趣几乎超过了对文章诗歌的爱好。

1912年后,冰心的父亲谢葆璋到北京任职。之后冰心全家由母亲带领,在舅舅杨子敬的陪伴和护送下,再次离开福州老家启程去了北京。

第六章
初到北京

> 北京头一年的时光,是我生命路上第一段短短的隧道……
>
> ——冰心《我到了北京》

冰心的一生的确像一条漫长的小溪,发源于自古以来多才子的闽江,汇入近代文明的发源处之一——黄浦江,一直流到甲午硝烟方散的烟台海边,流到五四新文化运动的策源地——紫禁城的护城河。在这里,她度过了大部分少年时代,并最终成为一位诗人和作家。这条小溪还流到滇池,流到长江;也流过太平洋,流过塞纳河,流过尼罗河……但最后还是流回到她少年时生活过的北京——她一生中居住时间最长的地方。

这次北上,冰心全家也是坐海船。他们从福州经上海到达天津塘沽,再换乘到北京的火车。当轮船缓缓驶进塘沽十八湾时,冰心一点儿也没有当年从烟台回福州轮船驶进闽江口时那种愉快和兴奋的感觉。她看着浑黄的河水和浅浅的河滩,听着轮船进港时呜咽般的汽笛声,不由得心中一阵抑郁和烦躁。这哪有一点儿能比得上烟台明净的天空、澄蓝的海水,还有那嘹亮的军号声啊!她在从天津到北京的火车上一路向窗外看去,虽然都是开阔的平原,但入秋的北方已是青少黄多,偶尔有一处反出白光的地方,近前一看,也只不过是个积满了水的土坑,那水照例是浑黄一片。眼前的一切都显得了无生机,显得那么沉寂和单调,没有哪一样能稍微引起这个喜欢美好事物的小姑娘的兴致。她默默无语地坐着,不知什么时候,眼中已盈满了泪水。泪眼模糊中她仿佛看见了故乡的青山碧水,院中的红花绿叶,家中宠她爱她的祖父,以及那些陪她伴她的姐妹朋友。

可是故乡在几千里外了!只听咣当一声,火车已停在了北京车站。冰心在混乱的旅客中看到分别大半年之久的父亲正在月台上迎候他们,才从一路上的抑郁和思虑中缓过神来。她奔过去扑在父亲的怀里。

坐在马车上,小冰心觉不出什么愉快,只是有些好奇地从车窗中打量着这个陌生的城市。

冰心从书中看到过一些对京城的描述。她本来觉得北京应该像历朝历代的都城一样,是全国的核心,有金碧辉煌的宫殿,有繁华热闹的街市,还有各式冠带的人物。可是从舅舅们那里,她听到的却是另一个北京。那里曾有奢侈腐败的皇帝,有昏聩无能的官僚,有横行霸道的洋人,还有破破烂烂的房屋、冷冷清清的铺面、黄沙迷漫的街道、面黄肌瘦的穷人、脏兮兮的小孩子。因此,对这个城市,她更多的是充满了厌恶和冷漠。

她多么希望父亲工作的地方和自己以后将要居住的城市能有一些吸引她的东西啊,可是她又一次失望了。在她眼前掠过的是高而厚的灰色城墙,在尘沙飞扬的黄土铺成的大道上,行人们皱着眉头眯着眼睛,有的匆忙,有的迂缓,人力车夫顶着风沙吃力地拉着黄包车,汗水顺着他们灰黑粗糙的脸不停地往下流,身上的背心早已被汗湿透了。什么令人高兴的东西也没有,甚至也看不见欢笑奔跑的小孩子。哪怕有一泓静美的秋水、一片耀眼的绿林呢,然而什么能使人眼前为之一亮的东西都没有。这一切在小冰心的心里留下了苦涩压抑的印象。直到住的年头久了,在这种印象之外逐渐又有了一种同样强烈的依恋情结,她才把北京认作她的第二故乡。但这最初的印象并没有被强烈的依恋冲淡。在美国留学和避乱四川时,她常想到回去,虽然她首先想到的既不是烟台海边,也不是福州老家,而是北京,但浮出她脑海的仍然是这些痛心的记忆,从心底里发出的依旧是绝望的呼喊:"我的故乡,我的北京,是一无所有!"

冰心怀着一种凄凉而迷茫的心情,任由马车载着她在陌生的街道上迟缓地行走。她不知道马车会把她拉到哪里去,她也不想问父亲。在这样破旧沉重的城市里,就像是在无边无际的沙漠上,哪里还不都是一个样子?哪里能寻得到桃花源呢?最后,马车拐进了一条很宽敞的大胡同,又向北斜插过去,最后停在了一个敞开的大门前。虽然这段路并不太长,但冰心觉得比从福州到塘沽还长,下车时腿脚一点儿力气都没有了。

这里就是北京东城狮子胡同中剪子巷十四号。冰心一脚迈进这个门槛后,便在这里度过了大部分少年时代和青年时代的很长一段时光。

北京完全是大城市的格局,人烟稠密,住房鳞次栉比,一般人家很少有冰心老家那样的大房子、大院落,大多是规模不大的四合院。冰心的这个新家也是这么个典型的中等人家的住宅。它有一个不大的门面,大门略高出街面几级台阶。大门左边的门框上挂着一个尺方的黑底金字的牌子,上面刻着两个金字:齐宅。小冰心开始时不明白自己家为什么要挂着齐宅的牌子。父亲告诉她:齐家是他们的房东,他们租了齐家的一部分房子,这在北京是很常见的。不过,虽然是两家合住在一个大门里,但齐家住在进门右边的一个两扇门里,谢家则在左边,经过一个小小的长方形的外院,有一个朝南的四扇门,里面是个三合院,两家各把一边,倒谁也不碍谁的事。

冰心家住的这个三合院,正面有三间北房,东西两边各有三间厢房,除了北房东西各有一个带有砖炕的套间外,其余房间都是两明一暗。北房是冰心一家的卧室,东厢房是客厅和父亲的书房,西厢房就成了舅舅的居室和弟弟们读书的地方。后来,舅舅的家眷来北京后,他们就搬了出去，住在铁狮子胡同。沿着正房的廊子向东走还有一个很小的院子，是厨房和用人住的下房。在北房后面西边靠墙有一座微型的两层小楼，上面供的是财神，下面供的是"狐仙"。这使她想起小时候读的《聊斋志异》，心里不免肃然起敬，同时也有点儿毛骨悚然的感觉。

这所房子当然没有祖父的家那么气派、那么热闹，更没有抬眼即见的书画和满室满架的书籍，这里的一切都显得简单朴素、索然无味，只有一样东西使小冰心感到有些新鲜和好奇，并借以打发了不少无聊的时光。

冰心住的北房，除东西套间外，两明一暗的正房都有玻璃后窗和雕花隔扇，隔扇上的每个小木框里都嵌着一幅画或一首诗作为装饰。这是在烟台军营和福州祖父的家里都没有的。没事儿时，冰心就凑到跟前，挨个琢磨里面的画和诗。画全是水墨或彩色的花卉山水，诗大多是她看过的《唐诗三百首》里的句子和她当时还没看过的前人诗句，只有一首，她始终没有找到出处：

> 飘然高唱入层云，风急天高忽断闻。
> 难解乱丝唯勿理，善存余焰不教焚。
> 事当路口三叉误，人便江头九派分。
> 今日始知吾左计，枉亲书剑负耕耘。

小冰心觉得这首诗很有哲理意味，常在心中玩味，因而牢牢地背了下来。

刚来北京,冰心没能继续上学,又加上人地生疏,生活范围狭窄,每天都没什么有意思的事情可做。她知道在北京这样的大城市,父亲不可能再带她去骑马打枪,她也不能一个人跑到什么地方,和见到的陌生人随便聊天。可是她仍希望父亲能像在烟台时那样,带她见识一下他工作的地方,认识一些像父亲在烟台的同事那样有趣的朋友。可是,父亲从来不肯带她去他工作的"衙门",也很少有什么有趣的人来拜访他们。父亲显得很沉默,再也不是先前意气风发喜欢开怀大笑的年轻军官了,每天回到家就不大愿意再出门,很少想到带小冰心去逛街、听戏。父亲在客室里挂上了前清御史江春霖老先生赠送的对联:

庠舍争归胡教授
楼船犹见汉将军

在上联旁边还有小字,大意是说他自京南下,阻雪难行,在芝罘会见了冰心的父亲,很喜欢其"裘带歌壶、翩翩儒将"的风采,特作此联相赠。谢葆璋与江春霖只是初交,当时江春霖因为弹劾了腐败的权贵庆亲王而被罢官。谢葆璋很佩服江春霖不畏权贵的风骨,把这位交浅言深的朋友的赠联张挂起来。冰心虽小也能体会到父亲在此时张挂这副对联的用意。这一举动体现着父亲一贯的爱憎立场与自慰自勉之心，但也流露出浓厚的怀旧情绪，其中有父亲那"廉颇老矣"的悲哀和感慨，也有"逝日不可追"的颓唐与无奈。

父亲的这种巨大变化使冰心十分伤感，好似有一个非常美丽的梦想破灭了一般，她由衷地感到失落。她朦胧地觉出，使父亲不痛快和忧虑的是这个被人们争来夺去的破败的城市，是父亲不愿带她去的"衙门"。这使冰心渐渐地开始关心家以外的社会，开始关注家人以外的别人的生活。在她走上文学道路后，面对着五四运动以后的革命低潮，她产生了与父亲当年同样的心情，才进一步理解了父亲壮志难酬、此生蹉跎的悲哀与惆怅。她以小说《去国》描写了辛亥革命以后北京"衙门"里的状况，并将父亲谢葆璋的影子投射到小说中的人物朱衡的身上。

但是父亲毕竟是热爱生活、关心孩子们的。他无法以一己之力改变社会，却能以自己的爱心和劳动尽量为自己的家和正在成长的孩子们创造一个良好的健康的生活场所。

谢葆璋每天下了"衙门"，便脱下官服，卷起袖子开始莳弄花草。他在小院子里砌上花坛，种上美人蕉、江西腊梅之类的花，还和孩子们一起在外头那个长方形的院子里搭起一个葡萄架，种上葡萄。葡萄秧是谢葆璋在烟台的朋友们寄来的。他们知道他爱种花，当年他在烟台时就开辟了好几个花坛，花畦是他自己设计的各种几何形图案，花径则是从海滩上挑来的大卵石铺成的。花坛之间种着桃、李、杏、梨、苹果、花红等果树，再外面就是一色的江西梅，秋天时还有姹紫嫣红争奇斗艳的菊花。家中院子里有大片的葡萄架，结果时，绿生生、紫莹莹，低低地垂下来，好像一抬头便能吃进嘴里。

这个家在父亲的精心经营下，越来越有生机了，大门外都成了花园，齐整地长着父亲种的野茉莉、蜀葵等容易生长的花草。他还在门外的大院子里为孩子们立了一个秋千架。从此，这里便成了胡同里孩子们的乐园。他们到这个院子里放风筝、抖空竹、踢毽子、跳绳、练自行车，还要看看那些花，再爬上秋千荡上一会儿。弟弟们也就有了不少玩伴。这些小孩子们后来干脆管这个院子叫"谢家大院"。

"谢家大院"的名字不胫而走，成了孩子们聚集的地方，那些专做小孩子生意的流动小贩也闻风而来，如吹糖人的、卖糖葫芦的。那个卖糖葫芦的经常戴一顶灰呢帽子，穿黑色的长袍，臂弯上挎着一个小篮子，上面插满各式各样的冰糖葫芦。冰心印象最深的是"打糖锣的"。每次只要锣声一响，冰心的弟弟们就像听到集合令似的拔脚往外跑，冰心也跟在他们后面。"打糖锣的"担子上杂七杂八的包罗万象，有糖球、面具、风筝、刀枪等，好像凡是一个小孩子想象力所及的零食、玩具都一应俱全。由于担子上有许多孩子们最馋的糖果，小贩叫卖时又总是敲着一面小锣,所以被孩子们称为"打糖锣的"。"打糖锣的"一来,多少打破了平板的生活,给孩子们带来一阵笑声,形成一种欢快热闹的气氛。但是时间一长,冰心也注意到她所熟识的这些小生意人,在从孩子们手中接过"一大子儿"或"一小子儿"的钱时,虽然偶尔也会微笑一下,却掩饰不住他们眉宇间永恒的忧愁和烦恼。

"打糖锣的"成了冰心这一年隧道般生活中难得的亮点。成人以后,冰心只要一想起来,心头还留有一丝丝温热。

这一年寂寞的生活,使冰心一下子长大了许多。生长在比她小许多的弟弟们中间,使她感到了做姐姐的责任;经常在母亲身边,使她体会到了母亲的辛劳和生活的不易。母亲本来身体就不好,这时又添了臂腕酸痛的毛病。冰心非常心疼母亲,每天早晨帮母亲梳头,白天帮母亲做一些家务,并学会了做针线活,晚上就在堂屋里的方桌边上,帮三个弟弟复习功课。为了哄他们高兴,在他们感到累的时候,冰心就给他们讲故事,有时候也带着他们玩老鹰捉小鸡之类的游戏。三个弟弟也像冰心小时候那样,非常喜欢听故事,而且最喜欢听姐姐讲故事。给弟弟们讲故事,使冰心充分发挥出了她的文学天赋和良好的艺术感觉。她不是找本故事书来照本宣科,也不全是杜撰胡编,而是把她所看过的那些新旧译著的几百种小说里的人物、情节,按照她当时的思维能力和想象能力,以及她独有的爱憎和审美意识，重新编成一些更符合小孩子口味的完整的小故事，每天给弟弟们讲上一段，一年下来，竟也有三百多段。看到小弟弟们聚精会神的样子，并且能跟着故事中的人物难过或高兴，一种满足感和快意立即占据了她的心。她不由得感叹，这就是故事等文学作品的独特魅力，是其他艺术形式和单纯的游戏所不具备的。

对冰心来说，最难熬的是弟弟们上床睡觉后的一段时间。这时，她更感到孤单了。白天的喧嚣已归于平静，显得四周更加冷清。间或传来的只有小贩拖着长音的叫卖声"羊头肉——""赛梨的萝卜——"。那种声音一点儿也引不起人的食欲，反而凄凉得令人鼻子发酸。而最惹人不快的是算命的盲人招徕主顾的小锣，一声声敲得人心头直颤。冰心感到十分烦闷，觉得自己掉进了一个无底的深渊，似乎连呼喊的力气都没有，不知道怎样才能解脱。

家里没有多少藏书，这对爱读书的冰心来说，无疑更加重了无聊生活的郁闷。舅舅杨子敬白天给弟弟们上课，大概是因为课程简单、冰心早已学过的缘故吧，他也就没叫冰心去听课。父亲不在家、母亲忙家务的漫长白日，冰心只好看看母亲订阅的各种杂志，作为一种聊胜于无的消遣。她当时经常看的是商务印书馆出版的《妇女杂志》《小说月报》《东方杂志》等。虽然她很小就会背岳飞的《满江红·怒发冲冠》和李清照的《声声慢·寻寻觅觅》，但明白诗词的形式还是从看《妇女杂志》的文苑栏目开始的。这些成人刊物使冰心较早地接触了成人的世界和成人的问题，了解了不少社会现象和进步思想，对冰心日趋成熟起到了一种先导作用。

可是还有大量空闲，冰心便开始向记忆深处搜索，向内心深处挖掘，自己为自己创造一个可以容纳她无边想象的世界。这就是她开始正式写作前的第二次"创作高潮"。第一次是被太多的故事吸引，这一次却是因为生活中太缺少故事。虽然当时封建帝制已经被推翻，但文化上的革命没有同步进行，因此社会上还没有普遍地提倡白话文，落到纸上的正经文章似乎还必须是文言文，所以冰心这一次拿起笔进行写作训练时仍然像她在烟台时的第一次一样，用的还是文言文。她试图写的仍然是长篇，其中有一篇是《女侦探》，还有一篇是《自由花》，讲的是一位女革命家的故事。虽然这两篇最后都没有结局，不了了之，但已能看出冰心对女性文学题材所表现出来的特殊敏感性和爱好。

冰心的舅舅杨子敬白天教弟弟们念书，只偶尔带冰心和弟弟们上街。那时候，像现在的风景名胜故宫、北海、景山等还没有对老百姓开放，对小孩子们来说，比较好玩的只有厂甸和隆福寺等有数的几个地方，而冰心也只去过一次隆福寺。

隆福寺是北京东城有名的做买卖的地方，离冰心的家很近。它有一个很大的市场，每天一开市，就人流不断、熙熙攘攘、万头攒动。挂着各种招牌的小摊子一个挨着一个,卖什么的都有:古董、衣物、杂品、食品……而最著名的是价廉物美的各色小吃,那新颖奇巧的炊具、直窜鼻孔的香味,尤其是那具有挑逗性的勾人馋虫的吆喝声,连大人都想驻足品尝,孩子们更是见了走不动道。除了做买卖的,还有圈着场子耍把式练武的、变戏法的、说书的。但这些都没留住冰心的脚步,她的注意力完全集中在玩具摊上。她看到一个摊上有一个叫"棕人铜盘戏出"的玩具,便蹲下来看了半天。这是一个大铜盘,盘上放着许多用棕做的小人,身上穿着用纸糊的戏衣,只在衣袍下面露出一圈棕来。喜欢军人的冰心觉得其中最好看的是武将,他头上插着两根雉鸡翎毛,背后扎着四面小旗子,身上是全副的盔甲,显得又威武又神气。玩的时候,只要一敲那个铜盘子,这些小人就会一个个地转起来。只见翎毛颤动、小旗飞舞、刀来枪往,跟真的戏台子上的一样。冰心只有在此时此地,才感觉到北京到底是京城,是她见过的最热闹的地方,即便是福州元宵节的灯会上也没有这么多的人;即使把烟台和福州加起来,她也没看见过这么多凝结着劳动人民汗水和智慧的叫人眼花缭乱的货品。这里像京城中的一个独立世界,充满了生机,充满了欲望和欲望的满足,似乎连生意人的叫卖声中,也揉进了许多快活的音符。她觉得她终于看到了北京那可爱的一面,即使是北京的漫天黄沙,也遮盖不住这浓郁的北方风情;即使是生活的贫苦和社会的不安定,也无法彻底压抑下层人民求生存的努力和对幸福生活、美好事物的向往;即使是身无分文的贫困,也夺不去孩子们惊喜和恋恋不舍的目光。冰心被深深地感动了。

因为亲戚少,谢家与房东家的往来就显得较多。远亲不如近邻,何况又是房东。

在冰心他们到家的第二天,房东齐老太太就带着她的四姑娘来拜访谢家太太。可是对冰心的父母亲,她并不是叫谢先生、谢太太,而是随着孩子称呼大叔、大婶,称冰心为姑娘,称冰心的三个弟弟为学生,而且一开口招呼,必定是"您您"的,显得那么亲切而有礼。冰心早听说北京人礼多,特别是讲究"礼多人不怪",这次真的见识了,首先就向她们学会了用"您"这个礼貌的尊称。

齐家是满族人,齐先生本姓祈。齐家是老太太主事,一切由她说了算,成天很少见她干什么家务,而她的丈夫齐老先生和他们的儿媳妇倒总是低头出入,忙着干活儿,除了出于礼貌的应酬外,很少和冰心一家人搭话,显出一副小心谨慎的样子。这在冰心看来也是件蛮新鲜的事。后来她听说,齐家老太太可是见过世面的,在胡同里头也算是个有头有脸的人物。她年轻时当过前面"公主府"的奶妈,这所齐宅便是她攒钱买的。"公主府"的大门开在铁狮子胡同里,齐宅对面大院西边的门是它的后门。冰心早觉出了齐老太太与这所大宅子有什么关系,因此对这所大宅子里的一举一动都很注意。她经常看见有许多妇人从那个后门出来进去。她们都穿着鲜艳的旗袍和坎肩，梳着旧时妇女的两把头，发髻后面还留着很长的燕尾儿，手里捏着手绢，脚下蹬着高底的花盆鞋，走起路来款款的。最有意思的是她们彼此碰见的时候，冰心弄不懂，她们哪来的那么多礼节，光一见面的请安问好就复杂得要命，然后有事没事也要寒暄半天，那样子真让冰心觉得有趣。她们路过齐宅时，冰心有时会突然想，既然齐宅和那个大宅子有些关系，她们会不会停下来到齐宅里坐会儿呢，这样她也好有机会贴近地看看她们。可她们从没来过，路过齐宅时一点儿也没露出过知道齐老太太的样子。

齐、谢两家相处得很融洽。齐老太太保持着市井里中等人家有钱有闲老太太的典型嗜好，她常请冰心的母亲过去打牌或出去听戏。冰心的母亲体弱多病，家务事多，又不习惯这种应酬，再加上谢家是不主张打麻将的，就总是婉言辞谢。渐渐地，齐家老太太便来得少了，有时候干脆说："那就让姑娘去吧，反正她闲着也是闲着，别憋闷坏了。"母亲见她这么说也就不好太反对。

齐家院里也有三间北房，但东西厢房只有一间。冬天屋里生着煤球炉，都是铜的，很大。他们家每天都闹哄哄的人来人往，麻将桌整天支着，只要一凑够了人就开始打麻将。他们玩的时候还要不停地抽烟，屋子里经常乌烟瘴气，特别是冬天窗户都关着，更是要把人呛死。可他们浑然不觉,就连比冰心大不了两三岁的齐家四姑娘也跟着他们一块儿打牌抽烟。冰心听人讲过"东北三大怪"中的"大姑娘叼烟袋",这家人大概仍保留着独特的习俗吧。冰心觉得这样整天打牌抽烟也挺没意思,倒是去戏园看戏更对她的心思。齐老太太和四姑娘带着冰心听戏,都是去离家最近的东安市场里的吉祥园。冰心正是在这家戏园子里看到了杨小楼演的《黄天霸》,梅兰芳演的《汾河湾》,第一次见识了这些京戏名角。

冰心在家闲晃的时间并不算太久,也就一年,但因为像是在荒漠上独自行走,显得格外漫长。因此这初到北京的头一年,是冰心长那么大以来最不开心的一年,是她生命路上第一段"短短的隧道"。这种不大说得清的打击使年幼的冰心难以平静。很多年后,她曾感喟道:"我的生命的列车,一直是沿着海岸飞驰,虽然山回路转,离开了空阔的海天,我还看到了柳暗花明的村落。而走到北京的最初一段,却如同列车进入隧道,窗外黑糊糊的,车窗关上了,车厢里的电灯亮了,我的眼光收了回来,在一圈黄黄的灯影下,我仔细端详了车厢里的人和物,也端详了自己……"

第七章
贝满中斋的插班生

> 在我十几年海内外的学校生活中,也就是中学时代,给我的印象最深,对我的性格影响也最大。
>
> ——冰心《我的中学时代》

热爱大自然的冰心,不喜欢北京这种大城市按部就班死气沉沉的生活,这里没有什么好玩的地方,也没有多少有趣的人,冰心感到生活在这样的环境中非常压抑。初到北京,父母亲和舅舅的精力集中在怎样适应这个陌生的环境上,都不可能抽出时间精力来陪伴和教育小冰心。冰心觉得自己每天都是在混日子。这样一天天混到什么时候才算个头呢?这种茫然更增添了她的苦闷和烦躁。她想起在福州女师上学的日子。上了学虽然要受拘束,但可以学到许多新东西,而且总不至于这么天天闲着,又能认识许多同学,说不定还能再结交几个像王世瑛那样和自己很要好的朋友。可是冰心刚到北京时已错过了学校开学的时间,再加上家里的确还有许多比冰心上学更急迫的事情需要料理,因此谁也没想起冰心上学的事。最后还是她自己实在忍耐不住了,在第二年夏天的一个晚上,向舅舅杨子敬提出了上学的要求。

经小冰心一提,舅舅才恍然想起这大半年竟把小冰心的教育给忽视了。他是冰心的第一任启蒙老师,知道小冰心是个冰雪聪明的孩子,也是块读书的好料子,立即应承下来,到他经常去看书读报、打球聊天的米市大街去,向他的朋友以及认识的干事们打听。他们介绍了离冰心家最近的一所女子中学——贝满中斋。这所学校位于灯市口一所大院内西北角的一组曲尺形的楼房里,四个金字校名就横写在东南面的楼壁上。也许是为了让中国人更容易接受,校方办学入乡随俗,小学不叫小学,叫蒙学,中学称为中斋,大学则叫书院,用的全是中国化的名称。他们推荐的这所学校是一位美国人捐款设立的,"贝满"正是他的姓的音译。

谢家从冰心的祖父开始就比较开明,接受了当时进步的教育思想。冰心的二伯父谢葆圭先生就在福州仓前山的学校英华书院里教中文,他的儿子谢为枢也在那里读书。这类学校的教学质量大都比较高,能学到当时西方最新的科学知识,英文也都由口音很纯正的老师教。冰心的母亲也认为在学校可以学到一些社会上需要的东西,毕业后容易就业。她希望冰心也能像男孩子那样,自己工作养活自己,取得和男子平等的地位。舅舅就更别提了,他早就叫冰心的大弟弟谢为涵和自己的儿子杨建辰到其他的夜校读英语了。

1914年秋天,冰心在舅舅的带领下到贝满中斋去报名。按着校役的指点,她走上十级左右的台阶后向左拐,怀着忐忑不安的心情进了校长的办公室。校长是一位中年美国女士,大家都叫她斐女士。她把冰心领到一间教室里,要对她进行一次入学考试,题目是中文老师出的,叫"学然后知不足",要求写一篇论说文。冰心接过试题一看,心中暗喜:这不是我在家塾中早就写过的吗?她紧张的心情立刻平静下来。只见她不假思索,一挥而就,把斐女士都看呆了,等接过卷子一看,不禁心中赞叹:想不到这么个小姑娘竟然能这么快就写出这样好的文章来,不仅思维敏捷,文笔流畅,而且立意高远,还能旁征博引。又一问,才知道冰心并没有受过多少正规教育,斐女士更觉得这个小姑娘是个可塑之材,心里十分满意,对杨子敬说:"这个学生我们收下了,可以插在一年级,明天就交费上学吧。"

回来的路上,冰心拉着舅舅的手又是蹦又是跳,怎么也不敢相信,一眨眼的工夫自己就是个令人羡慕的中学生了。要知道当时能上中学对男孩子来说都不是件容易事,就更别说女孩子了。

可是,冰心上学的第一天却不像报名时那么顺利。

第二天,冰心一大早起来,收拾好书包,还特意换上一身新衣服,在镜子前面照了半天,然后拿着母亲给的学费兴致勃勃地去上学。可是走进校长室交学费时,往书包里一摸,她吓坏了,放在书包里的钱不见了。斐女士温和地说:"别着急,慢慢再找找。"可是翻遍了书包也没有。冰心窘极了,眼圈立刻红了,眼泪直在里面打转转。斐女士一见反而乐了,直安慰她:"不要紧的,丢了就不用交了,先去上课吧。"冰心又羞愧又感动,说:"那怎么行,明天我一定补上,再不会丢了。"说着话,斐女士叫来二年级学生、爱说爱笑的姑娘陶玲,让她把冰心带到了大课堂。

这个大课堂兼有自习教室和大会议厅双重功能,前面有讲台,下面是两人同桌的座位,每个年级都有固定的位置。冰心进去时,就有许多同学在学习,没有一个人出声。等到吃午饭时,别人都站起来走了,只有冰心怯生生地坐在自己的座位上。她想跟着她们去,可又不敢,因为她们并没有招呼她。她饿着肚子好不容易熬到下午放学,赶紧抱起书包往家跑。回到家里,她想这一天,先是丢了学费弄了一个大红脸,又是没吃着午饭落得一下午肚子咕咕叫,真是倒霉透了。她越想越难过,扑到床上大哭了一场。母亲不知原委,以为第一天同学欺负她了或者老师批评她了,一问才知道是怎么回事,又心疼又好笑,把她搂在怀里,一边给她擦眼泪,一边逗她说:"都夸你机灵胆大,怎么这回傻了,这么窝囊?"弟弟们听了也躲在一边捂着嘴偷偷地笑。冰心看着他们,不一会儿自己也笑了起来。

第二天,母亲重新给了她十六块钱,并叫冰心二弟的奶娘送她。奶娘特意找到学校传达室的老太太讲了昨天冰心没吃到午饭的事。老太太也乐了,说:"这女学生真是太胆小了,您放心吧,今儿个不会了。"到了中午吃饭时间,冰心由陶玲带着,到了楼下大餐厅里走读生们吃饭的内间用餐。走读生大多家境比较富裕,所以吃饭前也不用像寄宿生那样先得举行一个仪式,唱"感谢赐予我们食物",唱完才能坐下来吃。而且,伙食也不一样。走读生是四菜一汤,主食米饭,而寄宿生吃的却是馒头、窝头,菜的花样和种类也少得多。

贝满中斋是当时很有名的一所新型女子中学,实行的是新式教育,完全不同于私塾那种让学生死记硬背"四书""五经"的传统教育方式。从课程设置上看,内容广泛而全面,有数学、物理、化学、地理、地质、中外历史、生物、英语、国文、音乐、体育等。通过四年的学习,学生能够系统地掌握近现代科学的基本知识,并能对西方文化有一个整体的了解。

冰心念的课本大都是学校自己编的,基本上是从英文课本翻译过来的,代数习题中常出现"四开银角"之类美国才有的名词。冰心对这些词根本没有概念,所以一遇到这样的题经常算不出来。中国历史课本也是学校编的,是从《资治通鉴》摘编的,书名为《鉴史辑要》。英文课本用的却是商务印书馆编辑出版的课本,冰心觉得似乎英文课本才最应该用外文原版的呢!

十四五岁的年纪,正是感情最丰富、思想最活跃、好奇心最重、模仿力和可塑性最强的时候。冰心这个在山边海角独学无友的野孩子,一下子投入大城市集体学习的生活中来,就如同穿上了一件好看但太紧的新衣服,既感到高兴和新鲜,又感到有一种束缚,浑身不自在。特别是刚上学的头一个月,冰心像在福州女师第一次上学时一样,完全变成了一个羞答答的少女,那股子从小在海边养成的野孩子脾气早被学校拘谨严肃的气氛吓跑了。她也变得和大多数同学一样,压抑着内心的兴奋和好奇,不苟言笑,一脸的庄重,甚至比她们还显得拘束,难得有痛痛快快说笑玩耍的时候。

同学们不像她留着齐耳短发,而是一律梳着发髻,冬天上身穿着浅蓝布褂子,下面穿着黑色的裙子,夏天则换成月白色的竹布衫和黑绸裙,显得特别守纪律,也显得比她成熟得多,懂事得多。她们大都是从保定、北京城里或其他省的女子小学升上来的,无论是英文,还是数学、体操,基础都比她牢。因此除了作文,几乎没有哪门功课能让冰心感到轻松。

最让冰心伤心的是数学课。她从小学了一肚子杂拌似的文史知识,但数学根本就没有入门,会的也只是在福州女师预科的那点儿加减乘除法,而贝满中斋一年级就已经学代数了。这对冰心来说实在是太吃力了,她觉得当年看残缺的《聊斋》,使劲猜中间缺的是什么时也没有现在这么费劲。每次上数学课,冰心都如坐针毡,虽也瞪大着眼盯着老师的嘴动,张着耳听老师的声音,可就是不知所云,真像是一个跟头栽进了五里云雾之中,满脑子里灌了铅,昏昏沉沉,迷迷糊糊,一心只盼着下课的铃声把她从这受苦的刑架上解救下来。要是别人,或许可以请同学们业余辅导一下,可她刚入学,和同学们都不熟,怎么好意思张口呢?问老师吧,冰心连想也不敢想。回到家里也没有人能教她。她不敢和父母说,怕他们白白为她操心,只好把心事藏在肚子里,就这么跌跌撞撞,一个月过去了。第一次月考,她的数学只得了 52 分,不及格。这可是冰心自读书以来从没有过的。冰心受到了很大刺激,下了课就躲在屋角哭了起来。

冰心是一个个性极强很有自尊心和荣誉感的女孩子,第一次感到了来自同学们的竞争压力,她不甘心落后,学习更加刻苦了。每天一回家,她什么都不干,第一件事就是打开书包,趴在桌子上埋头做作业,然后还要复习、预习功课。冰心就是这样,笨鸟先飞,很快就赶上了其他同学。到第一学年结束,连她当时觉得最陌生乏味的、从字母开始学的英文课都得了 95 分以上的优异成绩。学校校长被这个外表温柔软弱而内心自尊倔强的女孩子感动了,在暑假期间特意请培元蒙学的一位数学老师给冰心补课,终于使冰心补上了数学课上的一段空白。

数理化成绩进步越大就越刺激冰心的学习兴趣。她当时的理想是做一名医生。冰心最初读书识字，与当时许多有钱有地位的大家闺秀不同。她们上学，有不少是为了赶时髦，或附庸风雅，或为了找到一个如意郎君，为自立、为就业而学的毕竟是少数。所以一等到结婚后，一切所学也都随着她们少女时代的结束而湮没了，然后她们完全依靠丈夫或家庭过起少奶奶、太太的生活，仍然无法自己把握自己的命运，与旧式妇女没有什么本质的区别。冰心则不同，从小她的父母就向她灌输了女儿也当自立自强的思想，她认为女孩子长大了也应该就业。所以冰心很早就考虑到职业问题了。当时，知识女性就业的范围很窄，除了当教师，就是当医生，根本没有女作家这一行。她当然不可能会想到以写作为职业，那时她认为写作在她只是一种爱好，顶多是一种自己抒发情感的需要，是无论如何不能成为职业的。所以，她从正式上学开始就确立了她的职业理想——当一名医生。

冰心选定医生这个职业原因十分单纯，主要是因为她的母亲体弱多病，经常要请医生来看病。白天，父亲忙于公务不在家，医生来时，都是小冰心站在庭前的台阶下迎接。进了屋后，冰心就给他们递茶倒水，还要伺候他们洗手。每次他们诊脉和开药方时，她都站在旁边仔细地观察。医生诊脉时，母亲躺在床上，床边拉上帘子，只把手伸出来。有的医生则是用几根丝线搭在母亲的手腕上，只摸那几根线。看着他们闭着眼睛摇头晃脑的样子，冰心对他们的医术很是怀疑。后来父亲又为母亲请了西医。西医的名堂更多，尤其是那些器械，像什么听诊器、体温表、血压计啦，只要用一下就知道了想知道的情况。冰心觉得这些亮晶晶的东西十分神秘，她虽然好奇，却轻易不敢上前碰一下。只有当逢着熟悉的医生，冰心才敢向他们请教这些器械的构造和用途。未能完全摆脱封建传统思想束缚的母亲怎么也不能习惯这种需要听胸、听背的诊断方法，尤其是当时医生中男性居多，很少有女医生，这就更使母亲感到不便。目睹了母亲的病痛，冰心暗下决心，长大后一定要学医，做一个医术高明的医生，好为母亲看病。她把这个心愿告诉了父亲，父亲非常赞成，说："古人说不为良相，必为良医。不仅为你母亲，也要为全国的百姓。你就学医吧，当个良医，再不让外国人说我们是东亚病夫。"

父亲的话使冰心的理想得到了进一步升华，她感到学医当医生已经不仅是她个人的心愿，也是她作为一个中国人的责任。

为了实现这个目标，冰心在学校里，对于理科的功课特别用功。代数、几何、物理、化学、生物，以至于天文、地质，她都尽力学好考好。还有英文，她也花了很多力气。教她们英文的是美国女士芬，冰心很喜欢上她的课。芬女士十分年轻，看着比她们也大不了几岁。她刚从美国来，汉语讲得不好，上课时基本上全使用英语，还常用简单的英语和她们谈笑，使得冰心英文进步很快。

贝满中斋有时会设置一些介绍宗教的课程。冰心并不迷信，她对这些内容的理解基于她善良的天性和对文学形象的敏感与偏爱，这也丰富了她对爱的理解，为日后创作中的主题——"爱的哲学"增加了一些素材。冰心在校期间写了不少稚嫩而纯真的诗歌。她不好意思让别人看见，就把这些诗夹在书皮和包书皮的厚厚的牛皮纸之间。结果还是让同学们发现了，大家都非常惊讶，她们很钦佩她，觉得一个十五岁的说山东话的小姑娘竟能写出那样的诗歌，真是不可思议。

不过除了思想、哲理和文学性内容外，对于那一类宗教迷信的本质，冰心向来十分反感。

学校还有一些活动，如每天上午最后半个小时安排的全校聚会，多半是本校的中美教师或其他人士来给学生们讲课。星期天还有"查经班"，把学校里的学生不分班次地编在一起，由协和女子书院的校长给她们讲半个小时的故事。

冰心对这种占用星期天的做法腻烦透了，觉得是个负担。因为她本来就不信教，故事又差不多都知道了，更主要的是自从上学后，冰心只有星期天可以和父母亲、三个弟弟整天在一起，帮母亲做些家务，给弟弟们辅导一下功课或陪他们玩玩。冰心的父母也觉得这种灌输宗教意识的课听不听两可，于是冰心就经常找个理由不去。星期天的这类活动唯一的好处就是能认识一些别的班的同学，像她最好的朋友陈克俊，就是在"查经班"认识的，陶玲也是在"查经班"里才真正熟起来的。

除了一般课程外，学校为了培养学生的实际能力和集体观念，设置了被称为文学会的课程，有时也举办一些集体活动和课外活动。

文学会每星期三下午在大课堂举行，是同学们练习演讲、辩论的集会。每次文学会都设有主席、书记和计时员，由同学们轮流担任。主席坐在讲台上，主持并宣告节目；书记记录开会过程；计时员坐在台下，她的桌子上放着一只计时钟，只要讲话的人超过时间，她就叩钟，催她下台。节目有读报、演说、辩论等。辩论时最热闹，一般是由四个人来辩论一个题目，两人一组，分成正反两方，交替上台辩论。大会结束时，主席就请坐在台边旁听的老师讲几句，评论一下。

冰心开始时非常害怕这种集会。第一次是让她读报纸。她低着头慢慢走上台，拿起报纸，一抬眼，就看见台下上百双眼睛全都在盯着她，吓得她赶紧垂下眼帘，立刻觉得脸发烧，急急忙忙把那段报纸读完，飞快地跑回到座位上，用双手把通红的脸捂了起来。她那羞怯的模样把大家都逗笑了。散了会，同学们还叫住她，安慰她，给她打气，说其实她们最初也是这种样子，不用紧张，慢慢习惯了就好了。的确,用不了一年,冰心就练出来了,再也不会像开始时那样,羞得满面通红,连上台下台都慌里慌张。这种练习还激发了她的表现欲,她把它看成是能发表自己意见的机会,而且能使她小时候就比同龄孩子丰富的知识有了用武之地。后来冰心成名了,经常需要在大庭广众之下讲话,她之所以每次都能从容镇定地即席发言,很大一部分还是得益于中学四年的训练。

冰心因为走读,参加学校的集体生活和课外活动较少,她只记得其中两次。一次是庆祝贝满中斋建校五十周年的体操表演。她们的体育教师是个美国人,在做下肢运动喊口令时,独出心裁,别人都喊一二三四,她大概是怕同学们做错了,就按动作的节拍高喊:"左脚往左撇,回来!右脚往右撇,回来!"冰心和同学们给逗坏了,可是有那么多来宾和校友看着,一笑就再也没劲做了,还不得"稀里哗啦"?这么想着,她们只好使劲憋住笑,把嘴唇都咬破了!表演结束后,冰心和同学们找了个没人的地方,捧着肚子,蹲在地上笑得半天站不起来。以后同学们还时常拿这件事打趣,一提起来就笑个没完。背后说到那个教师根本不用指名道姓,只要一说"左撇右撇回来",就知道是在说谁了。

另一次就是三年级暑假时的一次郊游,也是冰心到北京四年来的第一次郊游。冰心和一些同学参加女青年们在西山卧佛寺举办的夏令营,她们坐洋车到西直门,再改骑小驴去西山。冰心感到十分兴奋,童年时跟着父亲在山上骑马散步的情景立刻浮现在眼前。她一下子跨坐在小驴背上,把它当成了大马,在土路上扬鞭驰骋,急得小驴的主人在后面猛赶,还一个劲地喊:"女学生,慢点儿!别往前滑,我这可不是马,是驴子,得坐在后边!哎哟,小心点儿,可千万别摔着!"话还没说完,冰心早笑着一溜烟不见了。等大家赶上来,她已坐在卧佛寺的台阶上等了她们老半天了!

这种接近大自然的机会在冰心的四年中学生活中太少了。课业繁重,竞争激烈,她无暇顾及的不仅仅是大自然的美丽风光,还有她喜欢的文学。她几乎完全变成书呆子了。

学校规矩多,每个学生都保持着一定的距离。但小孩子终归天性好热闹,愿意有人陪伴,喜欢结交朋友,特别是女孩子最容易产生同情心,也许只因为一件什么小事,就能一下子融洽起来,彼此有说不完的话。冰心也是一样,她很快就度过最初的不适应期,消除了与同学们的隔阂。同学们也接受了这个聪明、刻苦的女同学,许多人就像陶玲那样亲热地称她"小谢"。冰心的学名叫谢婉莹,同学们就和她开玩笑,叫她"小碗儿",还因为冰心说一口道地的山东烟台方言,便又得了个"侉子"的外号。每次她用烟台话发言或回答问题时,别说同学听不懂,就是教师也直犯愣,重复几遍,她们仍是蛤蟆跳井——扑通

（不懂），最后老师只好让冰心到前面去把答案写在黑板上。同学们开始也笑，可是看到冰心羞得涨红了脸，就赶紧止住了。下了课，她们就围上来，争着教冰心说北京话。到了能互相开玩笑的程度，冰心和同学们之间显然已经是亲密无间了。

由于全校学生经常有在一起活动的机会，冰心又认识了不少比她大的同学，如斋三的陈克俊成了她最喜欢的朋友。陈克俊是在北京长大的广东人，说一口清脆的北京话。她长得很漂亮，又很有才干，在学校的学生组织中起着重要作用。可她对冰心总是很和善，一点儿也不摆大学姐、大干部的架子。在她毕业的那年，学校让冰心和她在同一个话剧中扮演一对小天使。可是小天使的衣服却借不着。正在为难的时候，她们在那次郊游中认识的天津中西女校的学生把自己的白绸子衣裙借给了她们。大家都说，冰心和陈克俊穿起一样的白绸衣裙来，真像是一对亲姐妹。中学毕业后，她们都考取了协和女子大学，又一同在燕京女大读书，后来又都到美国去留学。二十多年后，冰心对她们的这段友情仍念念不忘，在以"男士"为笔名写的一组《关于女人》的文章中，那篇《我的同学》写的就是陈克俊。

冰心在家里是父母长辈眼中的孝顺孩子，是三个弟弟眼中知识渊博和蔼可亲的长姐，在学校也是个学习刻苦、才华横溢、人格出众、尊师重友的好学生。

教冰心历史、地理、地质的丁淑静老师非常喜欢这个聪明的学生，对她提出的问题总是特别耐心地解答。虽然她教的都不是最主要的课程，但冰心对她非常尊敬。冰心觉得循循善诱的丁老师是教她的老师中最美丽、最和蔼的，她总希望为老师做些什么，以表示自己的敬意。冰心的母亲也想送她些礼物，感谢她对自己女儿的关心，但丁老师从来不肯收学生的东西。有一次，冰心到东安市场买东西，发现丁老师也在那里，便悄悄地在远处望着她。一个摊上挂着许多挖空心的红萝卜，里面种着新麦秧，红绿相衬，显得特别有生机。丁老师一见便停下来，不住地夸那萝卜构思新颖、制作精巧、形状雅致、色彩鲜明。可是她手里的东西太多了，实在拿不了，看了半天，只好割爱。她走出几步，还回头看了一眼。等她走后，冰心忙凑到那个摊前，也不还价，挑了一个最好看的提在手里，顾不上再买别的，一径走回家去。第二天一早，她提着这个红萝卜，心里扑通扑通一个劲狂跳不止，不知道丁老师会不会接受自己的礼物。"笃笃笃"，冰心小心地敲丁老师的门。丁老师正准备去上课，一开门看见冰心和她手中的红萝卜，嫣然一笑，立刻接了过去，挂在灯上，说："谢谢你，你真细心。这是老师收到的最好的礼物。"

冰心的国文功底较深，同学们叫苦不迭的古文，她却不费吹灰之力。她觉得最不用费心的就是国文课。学校请的国文教师多半是从前的秀才或举人，讲的都是冰心在家塾里或自己已经读过的古文。冰心不愿意把时间用在学古文上，上课时，她就把别的书放在腿上看，或者写她比较薄弱的数学科目的作业。可就是这样，每次作文课上，她都是第一个交卷，每次都得到高分和老师的表扬，有一次更是创造了奇迹，得了120分。

这以后，同学们更对这个"侉子"刮目相看了。她们和冰心开玩笑说："我们以为你只是个普通的'小碗儿'，原来是只'魔碗'，里面的水多得永远倒不完呵！以后你可得帮助我们，只要把你的小'魔碗'里的水倒一点儿给我们就行了。"说得小冰心又得意又不好意思，一个劲地谦虚："我的数学不好，以后还得请你们多帮帮我。"为了让冰心替她们写最令人头疼的作文，同学们千方百计地哄着她，有的给她买糖葫芦，有的买糖炒栗子，也有的买小面人、小风筝送给她。见了这些真诚的脸和五花八门的"贿赂"，冰心真是哭笑不得，只好挤出时间来给她们讲，有时干脆越俎代庖为她们捉刀，一写就是两三篇。

冰心在中学时完全是重理轻文，四年中几乎没有看什么新小说，只是在学习累的时候，拿起本笔记小说或短篇的旧小说，像《虞初志》之类的换换脑子，解解乏。可是她天性中对外部世界反应的敏感和那些从小培养的文学因子却依然十分活跃，总是在她不经意的时候跳出来。

她每天上学，都是从东北城中剪子巷的家走到灯市口的贝满中斋。她观察到这一路不少人家的门上都有对联，特别是春节前后，更是家家贴春联，户户换新符。冰心对对联的兴趣从回到祖父家就开始了。她发现店铺门口的多是"生意兴隆通四海，财源茂盛达三江"，居家的则以"忠厚传家久，诗书继世长"居多，稍微有点儿与众不同的也不过是"努力崇明德，随时爱景光"之类。只有一副比较新鲜，那是在从南剪子巷南口到大佛寺的拐弯处，一家有门洞的房子，大门两边挂着一副木刻的对联：

学士青莲尚书红杏
中郎绿绮太史黄庭

冰心觉得这副对子不仅对仗工整，还包含了四位名人文士的外号和官职及他们得名的事迹，回去后立即抱着《辞海》查那些典故的出处。"学士青莲"当然说的是被称为诗仙的青莲居士李白了；"尚书红杏"是宋朝因写"红杏枝头春意闹"而得了个"春意闹尚书"绰号的宋祁；"中郎绿绮"是指东汉善奏焦尾琴的中郎将蔡邕，就是蔡文姬的父亲，"绿绮"是当时对琴的雅称；"太史黄庭"则非晋朝的王羲之莫属，他写的《太上黄庭内景经》是时人和后人都十分推崇的优秀书法作品。冰心非常喜欢这副对子，20世纪30年代她的朋友任叔永和陈衡哲夫妇搬进这所住宅后，她去拜访他们时还特意向他们打听这副对联的来历，但他们也不知道。

还有一个很破烂、本不引人注目的人家，却因贴着一副不俗的对联而引起了冰心的好感。对联是：

两间东倒西歪屋
一个千锤百炼人

冰心想这家没准是打铁的，要不怎么能贴出这么硬气十足、掷地有声的对联呢？

有一次她从一个长辈那里听说一个住在东交民巷的文人，在自己的住所被划入使馆区后，立刻在门口贴了一副对联：

望洋兴叹
与鬼为邻

冰心觉得这副对联很巧妙地表达了那个文人的屈辱之感，同时也发泄了心中的愤懑，让人又心酸又解气。

冰心的堂舅杨子玉这时正在做铁路测量工作，经常在北京等待任务。这位存有许多天真幻想的小长辈喜舅不仅关注冰心的功课，而且对冰心寄予了更多的期望，因此他在冰心身上花费的心思甚至超过了自己的儿子。他太喜欢冰心了，认为冰心是最聪明的女孩子，想把冰心培养成一个琴棋书画样样精通的才女。他看到冰心一头扎在没什么情趣可言的数理化课程中,生怕把她原有的灵气都赶跑了,就迫不及待地制订了挽救冰心的"全面发展淑女教育工程",并且立即着手实施。他先给冰心买了许多字帖,还把自己的心得和前人的经验告诉冰心。接着又给冰心买了许多颜料和画谱,劝她学绘画。然后又马不停蹄地给冰心捧回了很讲究的棋盘和黑白棋子,手把手地教她下围棋。冰心一看就头疼了,说:"喜舅,你让我背的书法口诀和国画运笔方法,我还没背下来呢,又加这么多横七竖八的,看得我头晕眼花,太难学了,我不想学了。"喜舅一听,急了,忙哄她:"莹哥,你耐点儿性子,舅舅慢慢给你讲。我先给你讲一个原则,也是窍门,这围棋不难下,只要能留得一个不死的口子,就输不了⋯⋯"喜舅并没有灰心丧气,没过两天,又"请"回来一架风琴送给冰心。冰心初一见,觉得随便一按,竟能出来许多美妙悦耳的音符,高兴了一阵,正好学校有自愿参加的风琴课,冰心便交了学费。可是没出三个月,冰心就败下阵来。因为她一看见练习指法的琴谱,立即头大如斗,脑子胀得受不了。

冰心是个好动坐不住的孩子,对需要静功夫的所谓琴棋书画"四艺",怎么也培养不出感情来。

不过喜舅也不算太失望,冰心在诗歌方面表现出了"一门灵"的独特的才能。似乎只有诗歌能吸引她,或者说是诗歌太让她入迷,以至于别的艺术形式显得黯然失色了。喜舅送给她的那些"才女教材"中,只有各种各样的诗集真正派上了用场。

这些诗集中,她最不喜欢《随园女弟子诗集》,却迷上了龚自珍、黄仲则和纳兰性德,其中学问渊博的龚自珍最令冰心景仰。他的文章,冰心虽然还有许多看不懂,但他的诗词,冰心却能领会。对着这么丰富的诗词宝库,心仪诗歌已久的冰心怎么能不被触动呢?有一段时间,她对龚集几乎到了入迷的地步。

龚自珍的《己亥杂诗》有三百余首,按七言句算来就有一千二百余句,再加上其他诗词,就更多了。冰心觉得有了这些诗句,就好像小孩子们有了成百上千块五彩缤纷大大小小的积木一样,可以搭成小巧玲珑的亭台,也可以砌成七宝庄严的楼阁,因此她随手记下了很多这样的集句。她自己比较喜欢的有两副对联:"别有狂言谢时望,更何方法遣今生"和"烈士暮年宜学道,才人老去例逃禅",还有一些集诗,如"偶赋凌云偶倦飞,一灯慧命续如丝。百年心绪归平淡,暮气颓唐不自知"等。甚至还有一些怎么看也不可能出自一个十四五岁少女笔下的绝句:"三生花草梦苏州,红似相思绿似愁。今日不挥闲涕泪,一身孤注掷温柔。"

不知道情况又没有读过龚诗的人,没准会觉得这些诗写得还真见功夫,表现出了深刻的感慨和复杂的情绪。其实,当时冰心的心理还没有发展到这么成熟,要她凭空创作是不可能的。但她有良好的文学修养和鉴赏能力，能比同龄人更多地理解这些感受。于是她就凭着她特有的艺术直觉，以读来顺口、看来顺理为标准写着，并不管它押韵不押韵，或是否像她写的。写好了，冰心就把这些"得意之作"寄给总想把她培养成才女的小长辈喜舅和老表兄刘放园。他们二人还真没让冰心失望，不仅很快回信，还对她赞扬一通，鼓励一番，同时也提出意见，有时还会送她一些诗集。

再坚固的象牙塔也会有通往大千世界的门窗。冰心虽然不抬头望窗外，但并不等于窗外没有风云变幻，也并不等于不会有风雨飘进来。每次大的社会动荡也会在校园里掀起波澜。

1915年1月，日本军国主义提出了灭亡中国的"二十一条"，5月7日又发出最后通牒。而野心勃勃的袁世凯正密谋复辟，一心想称帝。他的倒行逆施不仅遭到了国人的强烈反对，就连西方列强也不予支持，他们认为逆历史潮流、走回头路太不得人心，支持袁世凯会影响他们的在华利益。袁世凯此时急于抓住日本这根救命稻草，不惜出卖国家利益换取日本帝国主义对他个人的支持，因此公然接受了日本的要求。袁世凯的卖国行径遭到了全国人民的同声唾骂，各地掀起了大规模的"讨袁抗日"爱国运动。北京的大中学生们更是群情激愤，纷纷冲出校门，率先走上街头，举行示威游行和募捐活动。冰心所在的贝满中斋的学生也由学生会主席斋四同学李德全带领,排着队游行到中央公园。李德全跳上讲台慷慨陈词,愤怒地说:"别轻看我们中国人!我们四万万人一人一口唾沫,也会把日本兵淹死!"讲台周围人山人海,人群中爆发出阵阵掌声和口号声。

冰心从小一直受着爱国主义思想的熏陶。她的父亲在家中经常向冰心谈到列强的侵略行径,讲述他亲身参加过的甲午海战,表现出对祖国积弱积贫的现状痛心疾首的爱国激情。在冰心决定自己一生的职业是当医生时,他也以爱国主义思想来教育女儿,要求她做一个对国家民族有用的人。而自从到北京后,父亲就很少开怀大笑,显得意志消沉,常吟咏前人的爱国诗篇,发出壮志难酬的慨叹,表达忧国忧民的情感。冰心的奶娘对日本人的憎恶对冰心也有很大影响。

大约在冰心八九岁的时候,一位堂哥带她出去逛街,看见一家日本的餐馆"御料理"。冰心觉得那门面挺特别,门口挂着个深蓝色的大布帘子,像是一整块布,中间有个大白圈,里面像是一个汉字,可又好像少了笔画。帘子两个上角处各悬着一个白色的灯笼,上面也是用墨笔写的那个笔画不全的字。冰心看着有点别扭,对堂哥说:

"不是死了人才用白灯笼吗?"

"小点儿声,这是吃饭的馆子。"堂哥拽了冰心一把,压低了声音说,"他们跟我们不一样。我们好好的谁头上也不扎白布条啊!"他稍微停了一下,想了想又说:"没准他们死了人时倒用红灯笼,一照一片红,就看不出满地的血了。"看到小冰心害怕的样子,堂哥觉得他编的话有了效果,很高兴。

"那大白圈圈里是什么字呢?好像笔画不对嘛。"冰心又问。

这回堂哥笑了:"你知道什么啊,这不是中国字,是日文。"

"那怎么跟中国字差不多啊?"

"本来就是跟咱们学的嘛。可能是没学好呗。要不就是他们太笨了,记不住那么多笔画吧。"堂哥看着小冰心恍然大悟的样子,十分得意,其实他也是信口胡诌。

冷不丁布帘子被挑了起来,那个大白圆圈从中被劈成了两半,然后便是人的脚和脑袋钻了出来,后面一颠一颠地跟着两个婆子,双手相按放在身前,客人都走远了还鸡啄米似的不停地鞠躬。

冰心正觉得好玩,一个拿折扇的日本男人向他们挤眉弄眼,叽里咕噜地从嘴里蹦着夹生的中国话。小冰心吓得躲到了堂哥的身后。堂哥忙说:

"没事,他问咱们是不是想吃饭,说他的鸡素烧好吃极了。"堂哥翻译完了,笑着说,"那就进去吧,真的挺好吃,你也去尝尝。"

小冰心高兴地答应了。

他们进了一个用纸隔扇分开的小单间,相对跪在矮几的两边。两个婆子分别跪在上下首,她们满脸满脖子都搽着怪粉,梳着高高的日本髻,油香逼人,像个木偶,根本看不出到底长得什么样。她们一面帮着调味,一面一个劲地劝他们吃,还不住地和他们说笑。

冰心觉得这顿饭吃得比看戏还热闹,回到家一进门便一五一十地告诉了奶娘。奶娘平日里最爱听小冰心给她讲刚才都做了些什么,特别是在冰心出去玩回来后,听时一双细细的笑眼总眯着,可是这回却大大地睁着眼,没等听完,就沉下了脸,说:

"你哥哥就不是好人,单拉你往那些地方跑!下次再去,我就告诉你的父亲打你!"

冰心从没见奶娘跟她黑过脸,吓得不敢再说,小乖猫似的溜走了,奶娘也没叫她。

过了好几天,冰心偶然向母亲提起这件事,母亲倒笑了,觉得没那么可怕,便对仍不高兴的奶娘解释说:

"佺少爷不是一个荒唐人,他带莹哥去的地方就是日本饭馆子。日本都是这个规矩,让侍女和客人坐在一起。"

"这班不要脸的东西!"奶娘扭过头去说,"太太是大门不出,二门不迈,哪里知道这些事啊!告诉太太,日本人就没有一个好的,开馆子的,开洋行的,卖仁丹的,没有一个安着好心,连他们的领事都是他们一伙的,其实就是贼头。他们饭馆里的那些日本婆子引着客人去吃一次,下次还要去。洋行里卖胃药，一吃就上瘾。卖仁丹的，就是眼线，往常到我们村里，一次，两次，三次，头一次画下了图，第二次再来察看，第三次就竖起了仁丹的大板牌子。他们画图的时候，有人在后面偷偷看过，哪个地方有树，哪个地方有井……都记得清清楚楚的。太太记着我的话，将来我们这里，要没有日本人造反，太太怎样罚我都行！"

父亲在旁边听着，连连点头，说："她的话有理，甲午海战我们已经吃了日本人的亏，这亏还没吃完呢，我们将来一定还要吃日本人的亏。"

奶娘一见老爷支持她，更来了精神，说：

"是不是？老爷是跟日本人打过仗的，老爷知道。就是我们家那几亩地，那一间杂货铺，还不是让日本人给强占去了？到领事那里打了一场官司，我们孩子的爸回来就气死了。临咽气前还叫了一夜'打死日本人，打死日本人'。要不……我也不会……"她激动得脸都红了，嘴唇哆嗦着，眼里闪烁着泪光。

母亲眼眶也红了。父亲站起来说："莹哥，你先带奶娘回屋歇一歇吧。"

小冰心那时只觉得又愤怒又后悔，听见父亲的话，连忙上来拉她回屋。奶娘安静下来，才又叹口气抚摩着小冰心的头说："可惜你不是个男孩子，要不长大了也能打死几个日本人，替我那死去的男人出出气。"

小冰心恨上了日本人。每次奶娘带她上街，遇见日本人，或经过日本人的铺子，她们拉着的手都不由得捏得紧紧的。

冰心从来不肯买日本玩具，也不肯接受日本礼物。人家送给她的图画上的日本旗子，都被她用小刀刺穿了。

果然让奶娘说中了。这"二十一条"，别说冰心不答应，就是奶娘也不答应。袁世凯还不如一个没有文化的农村妇女！冰心越想越激愤。这时全场又喊起了口号。十五岁的冰心也在人群中以最大音量喊着："反对袁世凯复辟！""坚决取消'二十一条'！""抵制日货！""打倒日本军国主义！"在心里，她也在替奶娘大声地喊："打倒日本人！"

冰心从来没有像这次这样感到振奋，从来没有像现在这样切身地感到国家与自己密切相关。她为这个国家忧虑的同时，也为这个国家的人民自豪。她们纷纷交上爱国捐，同声宣誓不买日货。回到家，小冰心仍心绪难平，满怀悲愤。她看着父亲默默地在书房墙上贴上了一张白纸，上面是用岳飞岳武穆体横写的"五月七日之事"六个大字。又多了一个国耻日，我们的日历上一年到头有多少个国耻日啊！要是再不救国，再出现第二个、第三个袁世凯这样的卖国贼，我们的日历上，有国耻的日子就该比没有国耻的日子多得多了。想到这里，冰心和父亲都很沉痛。他们眼含热泪，久久地站在这面横幅下，互相勉励永远不忘这个国耻纪念日。

袁世凯并没有因为全国人民的反对而死心，他一意孤行，于1915年12月12日称帝，并将他封为"武义亲王"的黎元洪软禁在瀛台。黎元洪是谢葆璋在天津紫竹林水师学堂的同学，谢葆璋学驾驶，他学管轮，但毕业许多年来没有什么来往。"民国"建立后，黎元洪当了"副总统"，就住在东厂胡同，曾邀谢葆璋过去叙旧，谢葆璋都没去。现在他门前冷落了，谢葆璋倒时不时地去看他，一去就是半天，冰心问时，父亲说是同黎元洪在木炕上下棋。冰心还从来不知道父亲会下棋。冰心的母亲也经常提醒他"你该去看看黎先生了"，并且说那里冷得很，每次都让父亲在制服呢裤里面多穿一条绒布裤子。父母亲的一言一行，冰心都看在眼里，并由此看出父母的爱憎和对时局的态度。这种正直善良的处世准则对冰心后来的思想和为人都产生了很大影响。

国家正处多事之秋，即使是一个中学生也难以从中幸免。袁世凯称帝梦刚醒，各地又陷入了军阀混战，而北京则成了斗争的焦点。1917年夏天，封建军阀张勋又想拥戴已被辛亥革命推翻的清朝末代皇帝溥仪复位。张勋的军队号称"辫子军"，因为虽然"民国"已经建立了，张勋还是留着辫子以示对清朝统治的忠诚，他的士兵也都留着辫子。这是一支野蛮而愚昧的军队，纪律极坏，走到哪里都少不了入室骚扰。北京城里的老百姓一听"辫子军"要来都吓得东躲西藏,家里有孩子和年轻妇女的人家更是像避瘟神似的逃得远远的。冰心的父亲向来对张勋极为不齿,又考虑到一家人的安危,便先让冰心的母亲带着儿女和冰心舅舅的家属一起到烟台暂避。

冰心听说能回她六年不见的烟台,而且又能在魂萦梦绕的大海上航行,心里十分高兴,但这次不是可以轻松愉快、舒舒服服吹海风观海景的旅行,而是一次真正的逃难!冰心一登上从塘沽南下的海船便只有这一种感觉。想逃离北京的人太多了,谁都一刻也不愿拖延。谢葆璋虽有职位在身,也只能为妻子儿女买到货舱的票。冰心他们小心翼翼地下到黑洞洞的货舱,里面满满地摆着的全是大木桶。他们只好在凹凸不平的桶面上铺上席子。冰心的母亲虽然已浑身是汗,却还在给儿女们打扇。在这黑暗、炎热、令人窒息的货舱里,冰心他们忍饥挨饿地熬了几十个小时。虽然能听见海浪拍打船舷的声音,却无缘得见大海的面。冰心长这么大还从来没有吃过这样的苦。

船终于到了烟台,冰心被逃难的人推搡着钻出货舱。她并没有随着人群往前走,而是直奔到甲板的栏杆边,让海风尽情地吹拂自己的头发和面庞,她用力呼吸着,她闻到了熟悉的大海的清新气息。举目四望,依然是她童年的海、童年的山。

梦里寻觅千百回,谁知竟因避难而美梦成真!冰心百感交集,热泪盈眶,一时竟分不清是悲是喜。

谢葆璋的朋友、烟台海军学校的校长曾恭甫亲自到码头上来迎接他们，把他们仍安排在从前住过的房子的西半边。

　　仍是童年时记忆中的一切，但已物是人非。冰心再也不是山上海边疯跑的"野孩子"了。十七岁少女的心中有了更为复杂的情绪。她有时也带弟弟们到她玩过的地方去玩，但更多的时间里她仍像童年时那样，一个人到海边漫步或静静地坐在礁石上凝望大海。

　　冰心沿着倾斜的土道，缓缓地走下去。下了几天的大雨，溪水上涨，已顶到了桥板。再往前走，就是沙滩了，沙子还是那么软。她选了一块海边的石头坐下，伸手轻轻地拍着海水。水还是那么亲昵地涌着她的手，并在她的心里激起浪花——儿时的海啊，又和你相见了！它们向冰心轻声细语：你看，这里的一切都还是你在时的样子，你最喜欢的灯塔还是远远地立在那里，海水还是一波一波地进退着，坡上的花生园子，还是有人在耕种着。冰心在心里回答着它们：虽然还是儿时的海，但再来时却又不同了。人大了些，海似乎小了些。儿时那些无法言传的朦胧印象由于这次重游变得清晰起来。她在膝上摊开本子，把自己的思索和浪花般闪现的灵感记在上面，写几个字就要停一下，看一眼大海。她觉得就在那一凝神间，环绕着她的海波好像要把她托起来，小时候她不也经常体验这种飘飘忽忽的感觉吗？时光真是件奇怪的东西，相隔不过几年，心

境已变了,再往后还会怎么样呢?她想起了福州老家大伯母举着她叠的锡箔元宝时说的话,不禁悚然一惊。也许是我长大了,失去了童心,海要拒绝我不让我再来吗?冰心在心中不断地问着自己。

她回头再看熟悉的山,它正努力挽留着太阳的最后一线光辉,整个山已变成灰色。冰心站了起来,沿路采了些野花,有黄的,也有紫的,夹在本子里,慢慢地向坡上的住处走去。

这时,她看见二弟谢为杰和舅舅的孩子华表妹正远远地从沙滩上走来。两人拎个小小的篮子。里面一定装满了美丽的贝壳和卵石,冰心想着便在桥上停下来等他们。他们原来和我小时候是一样的,等到下次他们长大了再来,大概也会跟我今天一样有这么多感慨吧!

这种海边悠闲的日子并没有持续多久。张勋的闹剧只演了十二天,就宣告破产了。冰心他们也很快回到了北京。

一晃四年过去了,1918年的夏天,冰心以全班最高分的好成绩从贝满中斋毕业。按照学校的传统,她代表全班编写了辞师别友的歌词,并在毕业会上做了辞师别友的演说。全班十八个毕业生中有十四个因为是从各中学升上来的,都回母校教书去了,只有冰心等四人升入了协和女子大学预科。

四年的中学生活,是冰心认真严肃生活的开始。冰心在晚年回忆中学时代的生活时写道：的确，在我十几年海内外的学校生活中，也就是中学时代，给我的印象最深，对我的性格影响也最大。这种正规的训练，约束了冰心的野性，使她在进入大学丰富多彩的生活以前，在知识、性格、思想等各方面都打下了一个坚实的基础。这四年也使她对北京有了更多的了解。虽然她是被迫走入北京的，却意外地经历了许多只有在北京才有可能发生的事件，接触到了只有在北京才有可能如此迅速传播的进步思想。冰心感受到了北京古老破旧的外表所无法埋没的文化传统，以及由此生发出来的厚重的历史感和勇敢的创新精神。北京给冰心提供了更广阔的人生舞台。

第八章
五四与"冰心"

> 五四运动的一声惊雷把我"震"上了写作的道路。
>
> ——冰心《从五四到"四五"》

冰心终于如愿以偿,升入协和女子大学理预科,距离她当良医的理想又接近了一步。但是家与学校之外的现实社会并不是水波不兴的湖泊,而是瞬息万变的海洋。时代大潮冲击着生活在这个时代的每一个人,冰心理想的小船也被抛到了波峰浪谷,经受着颠簸与震颤,寻找着平衡与出路。一场海啸过后,那只坚强的船儿甩落浑身的浪花,又鼓满了风帆,重在风平浪静的海面上航行。但是这时候,它早已转换了航向,向着一个新的目的地驶去。

这场"海啸"就是中国近代史上震惊中外的五四运动!它改变了中国社会发展的历史进程,改变了中国一代知识分子的命运和前途,也改变了冰心一生的理想和道路。

1911年辛亥革命以后,社会似乎没有一天是平静的:局势上明争暗斗,"你方唱罢我登场";思想上激烈交锋,

"东方不亮西方亮"。冰心中学时代的几年间,局势更是处于白热化阶段。而许多代表新生阶级的进步思想也正是在这一时期开始酝酿,并最终走到了历史的前台,为反帝反封建的五四运动提供了坚实的思想基础。

冰心虽然从小也从父亲、舅舅那里接受了一些爱国主义思想,并亲眼看到一些社会变革的现实,但由于家庭和年龄的关系,优裕幸福的家庭生活、单纯孤立的学校环境,还是在冰心周围砌起了一道厚实柔软的高墙,如果她不把这围墙打破,不跳起来让目光越过墙头,她很难知道外面的世界在发生着怎样的变化。

五四运动的前几天,冰心的二弟谢为杰正好做了耳部手术,平时生活中一向带着二弟的冰心就向学校请了事假陪他,天天住在东交民巷的德国医院里,几乎与世隔绝。5月4日这天下午,为杰午睡起来,冰心坐在他的床边,一边讲故事,一边削水果。这时来给他们姐弟俩送东西的家里的女工推门进来,冰心觉得她这次似乎比平时要晚一些,而且不像往常那样,先轻轻地敲敲门,然后探一下头,再蹑手蹑脚地走进来,而是满脸通红地闯了进来。冰心正想问她发生了什么事,她没顾得上放下臂上挎着的东西,张口就说:

"姑娘,二少爷,你们猜怎么着?哎呀!我也是头一次见啊!"女工兴奋得好像不知道从何说起。

"张妈,你看你,慢些说,说清楚嘛。"

"嗨！我就是说不清楚嘛！反正乱哄哄的，到处都是学生……"

"学生？为什么？张妈，你还是从头说吧！"

"是，姑娘，别催我嘛！中午吃过饭，太太让我给姑娘和二少爷送些吃食和衣物，还有咱们院子里刚开的这几枝花，我就出门了。谁知一出巷口，好家伙，人山人海，都是学生，手里拿着小旗，小旗上写着字，有的还画了画，其中有一幅画上画了一个拿着军刀的人和一个磕头的人，那撅着屁股的样子真可笑。他们口里还喊着口号，尽是'打倒''打倒'的，还有喊谁谁谁是卖国贼，也许是卖国贼是谁谁谁吧，可惜没听过那些名字，记不住。不过，我倒是听懂了两句，一句是'抵制日货'，我知道就是不叫买日本人的东西，让他们待不住，好滚回去。还有一句是'中国是中国人的中国'，可这句我就听不懂是啥意思了。那中国不是咱们的，还能是别人的，这还用说吗？"

"从铁狮子胡同到东单，从东单到东交民巷，一拨一拨的人，还跟我是同路。路边上也站满了看热闹的人。我在人群中挤了半天！要说这天不算热，可我衣裳都湿了，要不我早就到了。"说到这儿，她喘了口气，好像刚刚才挤出人群似的。她又接着说："我还看见学生们把一张张纸片往看热闹的人手里塞，站在后边的人还使劲够呢！地上落了许多。他们也塞给我一张，我没敢要。反正我也不识字,要也看不懂上面写的是什么。可走了一会儿,我想,人家都伸手要了,我不识字,姑娘和二少爷可都是读书人,我就趁人没注意,在地上挑了张字最大的捡了这么一张。"她从吃食篮子底部抽出一张折成四折的纸片。

冰心迫不及待地接过来,翻来覆去看了半天,纸上面只写着"还我青岛",其他就什么也没有了。冰心有些失望,不禁埋怨道:

"张妈,你怎么就捡了这么一张?"

"姑娘,你是不知道。学生们不是和我一路走到东交民巷的吗?他们要进来,被外国警察拦住了,不让进,后来又来了好多警察,把东交民巷的入口都包围了。他们使枪对着学生们,不让他们往前涌。当时那架势吓得我差点连这张也扔了呢!"张妈仍心有余悸。

"他们为什么呢?现在怎么样了?军警有没有动手?"冰心焦急地追问。

"我进来的时候还没有。我想不会,那都是些学生,半大孩子,虽然我也不大懂,但他们说的好多都挺在理。看着他们那气愤和较真儿的样子,也不像是捣乱啊。好多围着看的人都哭了,连外国人也有摘下帽子的、鼓掌的、叫好的。我虽然没哭,但心里也跳得可厉害了。"

冰心想接着问下去,张妈忙说:"算了,算了,姑娘还是别问我了,越问我越扯不清了。"张妈既不懂当时的政治形势,也不知道学生运动是怎么回事,自然说不明

白，冰心便不再多问，忽然想起家里的父母，便问张妈：

"街上这么乱，家里会不会受影响呢？"

"我出来时，太太刚躺下歇会儿，怕还不知道发生什么事呢！"张妈说到这儿，突然想起来似的说，"哎呀！时候不早了，我得回去了，太太在家见我这会儿了还不回去，还不知急成什么样子呢！姑娘，二少爷，要是没有什么吩咐，我先回去了。"随后又唠叨一句："真怕出去还像来时那样，就不知道什么时候能到家了。"

"这里没什么事了，你先回去吧。告诉妈，杰弟恢复得很好，不用操心，自己多保重身体。你下次再来时，最好多打听打听今天的事，告诉我。"

张妈匆匆走了，可是冰心再也没有心思给弟弟讲故事了。她走到窗前向外望去，院子里静悄悄的，与往日没有什么不同。她竖起耳朵，想听听院外有什么异样的声音，却什么也听不到。她很想和弟弟议论议论，可是弟弟太小，只能听她一个人自问自答。不知不觉已到黄昏时分，冰心也没想起开灯。

"这么暗，也不开灯。"

冰心回头一看，进来的是一位远房表姐，她也正好在大学里读书，就赶紧拉着她的手坐下，说："你快给我讲讲今天的事好吗？"

"看把你急的，我正要告诉你呢！"于是，她原原本本地从头给冰心讲起来。

第一次世界大战结束后,在巴黎和会上,日本竟提出要求,要将战败国德国在中国的势力范围青岛划给日本,而当时无能的北洋政府为讨好日本居然准备答应。巴黎和会上中国代表团惨败的消息首先在知识分子中传开,他们大为震惊,在失望的同时感到无比愤怒。接受了大量先进思想和爱国思想的北京大中学校学生更是群情激愤,他们要采取行动阻止代表在出卖国家主权和领土的巴黎和约上签字。为此,他们从5月1日至5月3日进行了三天的热烈讨论,最后在5月3日晚上,在北京大学的发起下,在北河沿的北京大学法科大礼堂召开了北京大专学生代表临时紧急会议,决定在第二天中午十二点半举行群众大会,游行示威,抗议丧权辱国的外交政策,同时选派代表到除日本以外的各国公使馆,向他们表明国人对青岛问题的态度,要求他们不要支持日本的要求。会上,大家的情绪十分激动,形成了一触即发之势。北大法律系的一个学生,当场撕下一块衣襟,咬破中指,写下了"还我青岛"四个鲜血淋漓的大字。还有一个学生,也就十六七岁,在大家还没有对游行一事最后表决时,他几乎无法控制自己愤怒的感情,痛哭流涕地表示,如果不举行示威游行,他就当场自尽。

5月4日正好是星期天。上午十点,十三所大专学校的学生代表又在位于堂子胡同的法政专门学校开会,经过一个半小时的激烈讨论,做出了五项决定:一、通电国内外各团体，呼吁他们抗议巴黎和会的决议案；二、设法唤醒全国各地国民；三、准备于5月7日国耻日在各地召开国民大会；四、联合北京所有学生，组织成立一个永久机构，负责学生运动及与其他社团联系；五、确定当日下午游行示威的路线为由天安门出发，经过东交民巷进入崇文门大街等地。

当天下午，才一点半左右，天安门广场已聚集了三千多名学生。北京高等师范学校和汇文大学两校的学生先行到场。北京大学的学生因遭到北洋政府军警和教育部的拦阻，最后到达天安门广场。两点左右，学生队伍从天安门广场向东交民巷进发。两位山东大汉举着当时的旗帜与横幅走在队伍的最前面。他们后面，有人举着一副长长的挽联，上面写着：

卖国贼曹汝霖、陆宗舆、章宗祥遗臭千古
卖国求荣，早知曹瞒遗种碑无字；
倾心媚外，不期章惇余孽死有头。

再后面跟着的大队学生都举着白布、白纸做的旗子，上面用中、英、法三国文字写着"打倒卖国贼""取消二十一条""拒绝签字巴黎和约"等标语。游行队伍一边走一边向群众发传单。

表姐介绍到这里，递给冰心一张印着密密麻麻小字的传单。冰心接过来，急切地读了起来：

现在日本在万国和会上要求并吞青岛，管理山东一切权利，就要成功了！他们的外交大胜利了！我们的外交大失败了！山东大势一去，就是破坏中国的领土！中国的领土破坏，中国就亡了！所以我们学界今天排队游行，到各公使馆去，要求各国出来维持公理。务望全国工商各界，一律起来设法开民大会，外争主权，内除国贼。中国存亡，就在此举了！

今与全国同胞立两条信条道：

中国的土地可以征服不可以断送！

中国的人民可以杀戮不可以低头！

国亡了，同胞起来呀！

冰心读着读着，声音有些颤抖，不禁长叹一声，眼泪应声而落。

"别哭嘛，并不是真的就没希望了，虽然我们国家十分贫弱，又有无耻的卖国贼，但不是还有我们和千千万万不甘受屈辱的同胞吗？你先听我接着往下讲。"

表姐又接着往下叙述。

她说，学生队伍走到东交民巷西口，被挡住了去路，说是里面的使馆区享有治外法权，中国人不得擅自入内。学生们一听，气愤地高喊："中国是中国人的中国，反对不平等的治外法权!"经过一番据理力争,最后警方同意学生们推举四名代表到美国公使馆找芮恩施公使,问一下巴黎和会将要承认日本继承德国在青岛及山东的一切利益是否属实,他本人是什么态度。可是他不在,到门头沟游玩去了,这使他逃掉了他外交生涯中的一次严重考验。学生们又派六名代表先后到英、法、意等国使馆,也都没有见到公使,不过接见他们的一般工作人员都表示同情。学生们在东交民巷外等候了两个小时,没有得到任何结果,还不让他们穿过东交民巷。这时开来了许多宪兵和军警,他们比外国警察更凶恶,拿枪逼着学生们退回去。当时的北洋政府在国际上那么无能,对自己的同胞却这么蛮横,这激起了人们心中的愤怒,学生们实在忍无可忍,许多人高呼:"大家往曹汝霖家里去!"

他们沿着户部街、东长安街、东单牌楼一直走到了曹汝霖家所在地赵家楼,这时已是下午四点。学生们开始时只想让曹汝霖出来解释一下与日本秘密签约的原因,并提出自己的意见。但守卫的警察根本不予理睬,还要轰学生们走。学生们的忍耐力达到了极限,立刻爆发出一片"卖国贼""卖国贼"的呐喊声。有的学生把手里的小白旗扔进曹家院子。手里的东西扔完了,他们又捡起地上的石子向里抛掷。五个男生不顾警察阻拦,翻身跃进曹家院墙,搬开堵着大门的石头和木杠,曹家沉重的红色大木门訇然洞开,学生们潮水般涌了进去。他们搜遍各厅、卧室和整个院落，没有找到曹汝霖，结果在地下室找到了刚才正和曹汝霖商量事情的章宗祥、北洋政府交通部航政司司长丁士源和日本记者江中丑吉。原来曹汝霖早已吓得穿了用人的衣服，跳窗逃到外国人开的六国饭店去了。学生们当然不知道这些，问章宗祥，他死活不肯说自己是谁，学生们便把他当成曹汝霖痛打了一顿。章宗祥躺在地上，等学生们走后，才被江中丑吉扶到附近的一家小铺子里，又被学生们发现了。章宗祥还是不肯说出自己的名字，结果又被"教训"了一顿。学生们找不到曹汝霖，愤怒之情无处发泄。这时又开来了大批警察，还有宪兵，他们在赵家楼和东单附近搜捕爱国学生，抓走了不少人，还用枪托、木棍殴打学生。

"别以为他们会使学生们屈服，学生们会和他们斗争到底的！不信，就等着吧！"表姐愤愤地结束了她的长篇叙述。

冰心听了这一番叙述，又是兴奋又是愤慨，直到表姐走了，她的心还在激动地跳着。这时虽已是暮春，但北京的风依然强劲，吹在脸上不由得使人精神为之一振。冰心用力地吸了一口气，一阵浓烈的槐花香气扑面袭来，呛得她有些眩晕，感到头痛得厉害。她真想立刻冲出这平静幽雅、花香弥漫、与世隔绝的医院，跑到大街上去，跑到同学们中间，挥舞着小旗痛痛快快地喊两嗓子。

入夜，冰心躺在床上，仍然兴奋得合不上眼。只要一闭眼，眼前就像走马灯似的，不停地转动着一幅幅画面：父亲说"只有烟台是我们的"时的沉痛，讲甲午中日海战时的激愤；奶娘叙述家史时的悲哀；为反对"二十一条"与同学们到中央公园游行示威交爱国捐的激情；父亲贴在书房墙上的六个大字"五月七日之事"……无数回忆刺痛着她的心，而白天发生的事激起了她强烈的爱国激情，使她辗转难眠。

第二天一早，冰心就劝病情已经稳定的二弟回家疗养。正要去办手续时，协和女大的一位同学跑了进来，顾不得寒暄问候，就一口气地说：

"谢婉莹同学，你还不知道昨天发生了什么事吧？我们今天都忙死了，学生会给大家都分派了任务，还让我来叫你。你弟弟要是没事了，你就赶紧回学校吧，缺了你这个笔杆子可不行。"

冰心把弟弟送回家，就和同学一起去了学校。整个学校都变了样子，大家都没有上课。院子里，随处可见同学们三五成群地在一起面红耳赤地大声议论。协和女大本身像一个十分封闭的小社会，与外界联系较少，对校园外的形势、思想潮流以及社会问题一向采取不闻不问的态度。但是五四运动的影响太大了，这一汹涌澎湃的时代大潮如此波澜壮阔，势不可当，协和女大那无所不能的"宁静光环"也无法阻止它冲进校园，把那些循规蹈矩的学生冲到大街上，汇入爱国青年学生的洪流之中。

在那一段时间里，协和女大几乎和其他大学一样，都成了爱国思想的传播地，那些文质彬彬的女学生也和其他青年学生一样，心里都涨满了随时可能喷发的爱国激情。5月6日，北京中等以上学校召开学生代表会，成立了"以尽学生天职谋国家之福利为宗旨"的学生联合会，北京的女子大学和女校也联合起来，成立了女学界联合会。协和女大平日里的肃穆和宁静消失殆尽，古老的厅堂成了女学界联合会代表们开会的场所。已被选为协和女大学生自治会文书的冰心，这时又被选为女学界联合会的宣传股干事。

从此，冰心开始全身心地投入五四运动之中。她当时还只是一个低年级的学生，没有参与学生运动的组织和领导工作，主要是做宣传工作，揭露日本帝国主义的侵略野心和北洋政府的卖国行径，激发人们的爱国热情，鼓动学生罢课、商人罢市。她和同学们一样，处在紧张兴奋、时刻准备着的状态，只要一听到有什么紧急的消息，就纷纷丢下书本涌出课堂，谁也无法阻挡。她们为了宣传抵制日货，一方面三五成群地挥舞着旗帜，在街头讲演，到商店挨家挨户地宣传，劝说人们不要贩卖日货，向他们讲述全国人民必须一致奋起反对日本帝国主义的侵略压迫、反对卖国行径等道理。正是这种宣传使五四运动赢得了一大批商人的理解和支持。另一方面，她们还上街出售一些自己亲手制作的文具或绣的手绢之类的日用品。为了援救和慰问被捕的爱国学生,她们三三两两地抱着大扑满(一种储钱的陶罐),在大风扬尘的长安街上,在破敝黯旧的天安门前,向过往的行人宣传学生的爱国行动,请求大家捐些铜子。

除参加这些宣传活动外,作为协和女大学生自治会文书和北京女学界联合会宣传股成员的冰心,还和当时的许多青年一样,拿起笔用白话文写各种形式的反帝反封建的文章,除了登载在会刊上外,还在学生会和联合会的要求下各自找报纸发表,以扩大影响。冰心的第一篇文章就是在这种背景下发表的。

五四运动以参加巴黎和会的中国代表团迫于国内爱国同胞的压力,终于拒绝在和约上签字,并提出全体辞职书而告一段落后,学生们开始复课,五四运动中被罢免的北京大学校长蔡元培也答应回校重任校长。但执掌北洋政府大权的段祺瑞对学生们取得的胜利耿耿于怀,一直伺机打击迫害领导和参加五四运动的爱国学生和教授学者。7月16日晚,他操纵下的政客集团安福系举行宴会,千方百计收买拉拢了几个学生,准备第二天召开一个由他们操纵的集会,贬损五四运动,污蔑领导和参加五四运动的爱国学生和教授学者。安福系还假冒千名学生的名义宣布说,多数学生反对五四运动,他们只是上当受骗,被逼无奈而已,并且提出反对蔡元培回北大。

当天夜里,参加这个宴会的两名学生,把安福系的阴谋告诉了同学中五四运动的活跃分子。于是第二天,正当安福系的阴谋者在北大法政大楼开秘密会时,一百多名支持五四运动的学生冲进会场,把被收买的五名学生抓了起来。经过审问,这五个人都坦白了与安福系勾结一事,并写了书面供词和悔过书。可是次日,他们又翻供,并到警察局以被打伤为由投诉进步学生。结果北京大学学生鲁士毅、王文彬、朱耀西三人被捕。为了平息社会舆论压力,北洋政府玩弄阴谋,决定于8月21日在法庭上公开审判被捕的北大学生。

冰心所在的宣传股被女学界联合会委派以代表的名义去旁听并记录。她们共十一个人,来自四所女校,九点多钟到达法庭。这时审判厅门口已经聚集了许多男学生,学生们还在陆续涌来。快到时间了,冰心她们向把门的警察要旁听证。

"女旁听席太窄了,只有一条长凳子,你们只能进去四个人。你们自己定一下谁去吧。"门警以公事公办的语气说。

冰心她们谁也不愿意被挡在门外,就恳切地说:"没地方,我们就站着,只要能让我们都进去就行。"

那些门警本来就对这些学生有些同情,一见又都是些文静的年轻女学生,心肠怎么也硬不起来,互相看了一眼,其中一个说:"那你们稍等会儿,我进去看看再说。"

不一会儿,他出来说:"就限你们十一个人了,再来

的代表可真是连站的地方都没有了。"

冰心她们欢欢喜喜地答应着:"就我们十一个人,没别人了。"赶忙接过旁听证走了进去。冰心还是第一次见识这种场面,整个法庭上座无虚席,静悄悄地等待着开庭。趁开庭前两分钟,她仔细看看旁听证后面的禁令,其中有一条是"不准吸烟吐痰",可她抬头见厅上四面站立的警察却不停地往地上吐痰,与法庭上的严肃气氛十分不协调。冰心心想,这条禁令大概只是给旁听席上的人定的吧!

公审开始了。自愿为学生们辩护的大律师刘崇佑开始替学生辩护。他讲得慷慨激昂,全场掌声四起。冰心也拼命地鼓掌,如果不是在法庭上,她真想为刘律师叫好。刘律师讲到沉痛精彩的地方,冰心看见一位站在被告席上的学生失声痛哭起来,引得许多人都流下了眼泪,还有许多压抑着的抽泣声。四个原告是被收买的学生,显得十分不安,脸上青一阵白一阵,完全是做贼心虚的样子,到退庭的时候才勉强挤出一种皮笑肉不笑的表情。冰心为他们感到羞耻,感到可惜可怜。她想起古人的一句话"哀莫大于心死",同是热血青年,却出现了他们这样良心被私欲支配的败类!

审判长宣布休庭十分钟。这时,旁听席上的好多人都围到被告的旁边,向他们招手,表示慰问和鼓励,原告那边却冷冷清清的一个人也没有。冰心心想,被告的学生其实并不用人们安慰，公道自在人心，他们是光荣的、强大的，倒是那几个猥猥琐琐的原告才既让人蔑视，又让人怜悯。

这次审判持续了八个小时，结束时已是傍晚六点钟了。冰心走出门来，呼吸着新鲜清爽的空气，心情开朗了好多。这时她才觉得又饿又渴，浑身没有力气。

她带着一天的感慨和抑郁回到家里。晚饭后，坐在家里的廊子里，墙角秋虫鸣叫，院中茉莉和晚香玉暗香浮动，但这一切她却无心欣赏。脑中旋转着的全是白天的事情，心里一阵阵地感到烦躁不安。这时坐在廊子另一边的张妈看出冰心好像有什么心事，就问她：

"姑娘今天到哪里去了一天？"

"哦，"冰心这才从白天的情景里走了出来，回答她，"今天我去听审了。"随即便将白天的事简略地叙述了一遍。

"我以为出了什么大事呢！两边不都是学生吗？何苦打官司呢？"张妈摇摇头，露出不赞成的样子，接着说，"学生吵架，也是常事，为什么不先找先生断个是非，却要去惊动什么法庭呢？"

冰心听了这话很受启发，她感到奇怪，一个平常的乡下妇女都能明白的事，那些大员们怎么就不明白呢？其实，没有别的答案，既不是张妈见识有多高，也不是那些大员们糊涂，他们是为了自己那不可告人的目的，可是这

种手段也太卑劣了！冰心返身回到书房，铺纸挥毫，写下了《二十一日听审的感想》。

冰心把这篇文章交给宣传股长，她看了说："写得太好了，只登在咱们的会刊上太可惜了，应当让社会上更多的人看到。你试试看能否找家报纸发表。"

冰心也希望让更多没有机会进法庭的人通过她的文章知道当天的情况，同时她也想借报纸告诉更多的人自己的感想，呼吁更多的人起来维护正义和公理。可是尽管她做了好几个月的宣传工作，却并不认识新闻界的人。想来想去，忽然想起了她在北京《晨报》当编辑的表兄刘放园。她家每天看的《晨报》就是他赠阅的。

冰心赶忙翻出一摞《晨报》。报纸上一向是很支持学生运动的，这她是知道的，她这次是想看看别人的文章是不是都特别好。看了以后，她觉得自己也可以试试，但心里还是没谱，于是就给表兄打了一个电话，想先和他商量一下。

"发表文章？"从电话里传来表兄惊讶的声音，这声音使冰心有些胆怯。是啊，每次他拜访时只在一边默默地递茶敬烟、从没多说过一句话的小表妹，竟突然打电话说要他给登文章，他能不觉得意外吗？

"写的是昨天法庭上的事，是我们宣传股长派的任务。"冰心支支吾吾地说。

"好吧，寄来我看看。"表兄的语气很平淡，听不出他是同意还是不同意。

没过几天,冰心的这篇文章在 8 月 25 日的《晨报》上登了出来。这是冰心平生发表的第一篇文章,署名用的是她本名"谢婉莹"。冰心看到自己的名字和自己写的东西变成了铅字,非常兴奋。但到这时,她还是一心一意想当医生,只把写文章当成是一项任务。可是她的表兄刘放园却仿佛发现了一块璞玉,下定决心要把冰心雕琢成器。他积极鼓励冰心写作,继续为冰心发表宣传文章。冰心寄给他的稿子从来没有被修改或被退回过。他还给她寄来十几种关于新思潮的刊物,从《新青年》《新潮》《改造》《中国青年》《中国少年》等,一直到后来的《语丝》,让她阅读。

这时的社会上,新思潮也空前高涨,在北京及外省,宣传新思潮的刊物如雨后春笋般涌现,多得让人看不过来。冰心的同学们也争着买、借、传阅,看后还要互相谈论,交流意见和感想。在这种氛围中,冰心对课外书刊的兴趣突然浓厚起来。她从书报上知道了杜威和罗素,也知道了托尔斯泰和泰戈尔。外国文学巨匠的小说作品使她头一次清楚地意识到小说不仅仅是讲故事,除了情节、人物外,还富有深刻的哲理,能够启发人的思想,有很强的教育意义和很好的教育效果。于是她小时候就有的对小说的偏爱又复活了。当时的书报上有许多是大、中学生们写的东西,冰心心想大家反正都是练笔,不如自己也凑个数,把自己所见所闻和憋在心里难受的一些小问题写出来发表，不也是一个向编辑请教的好机会吗？

没过多久，冰心就写了一篇小说《两个家庭》。用什么名字发表呢？这个问题倒让冰心颇费了一番心思。她心想：虽然我已经发表了几篇文章，但毕竟是大学生里的"小学生"，思想和文学方面肯定都不太成熟，而且宣传文章大家几乎都是那么写，里面的观点也是大家认可的，可这次我写的小说却全是我自己想出来的，不知道别人会怎么看？想到这里，冰心有些胆怯，她怕用真名，别人知道了万一觉得不好，会笑话她，那多不好意思啊！可是取个什么笔名呢？她首先想起小时候姑姑给她到吕祖庙里请来的名字"珠瑛"，可马上又觉得这名字人家一看就知道是个女孩子，没准机灵点儿的就能猜着是她，而且名字本身还是迷信的产物。最后，她想起那句非常喜欢的诗"一片冰心在玉壶"，觉得那诗的意境很适合自己，就决定以诗中的"冰心"二字做笔名。她觉得这名字不仅旨趣好，而且笔画简单好写，还有她的名字"莹"的含义。用这个新名字，别人肯定不会把它和"谢婉莹"联系到一起。

冰心每次都是把稿子寄给表兄刘放园，由他转交给相关的报刊或编辑。她当时很胆小，根本不敢直接把稿子寄给报社。稿子寄出后，她怀着惴惴不安的心情等待着，连问一下他们用不用的勇气都没有。三天后，稿子居然在《晨报》上登了出来，这就是冰心的第一篇小说，是在当时和后来都产生了很大影响的独具冰心个人特点的第一篇"问题小说"。这次,冰心比她第一次在报上发表文章还要高兴十倍,她真正尝到了文学创作的快乐与满足。只有一点让冰心略微有些不快,报上的署名不只是"冰心"两个字,还在后面加了"女士"二字,而且"冰"字也不是她手写的"水"字上面加一个点的"氺"了。冰心本来就不想别人知道是女性,而用"氺"则是觉得签名时,只需在一直杠左上侧再加上一点就可以龙蛇飞舞地把"冰心"连成一体,写成"恷",是再省事不过的了。她用这个"氺",还是受了一副对联的启发:"冰冷酒,一点两点三点;丁香花,百头千头万头。"而"一片冰心在玉壶",要的就是"一"的含义。为此,冰心忙打电话去报社询问。报社说是编辑加上的,现在木已成舟,改不过来了,至于"冰"嘛,向来铅字里都是这样写的。

冰心这篇小说得了八元钱的稿费,弟弟们都为姐姐高兴,觉得她写的东西不仅能发表,还能挣到这么多钱,真是了不起,围着姐姐七嘴八舌地说:

"莹哥,这是你自己第一次挣到这么多钱,你打算怎么用呢?"

"你们说呢?"冰心微笑着看着他们,她知道他们要敲她的竹杠了。

"你带我们去逛中央公园吧!"

"还要给我们买最好吃的点心!"

"我也正要慰劳慰劳我自己呢,现在我们就走吧!"

冰心带弟弟们在中央公园足足玩了一下午,还吃了好多茶点,结果还是剩了一些钱,她就又买了一些纸笔。

冰心由写宣传文章、发表宣传文章开始,被奔腾汹涌、划时代的五四运动——中国青年爱国运动、文化革新运动的思潮卷出了狭小的家庭和教会学校的门槛,她走出了迷茫的状态,渐渐地看出了她周围的半殖民地半封建的社会里的种种问题。她发现在人们的日常生活里,几乎处处都有问题。这里面有血,有泪,有凌辱和呻吟,有压迫和呼喊。这时她再在静夜里听到小时候一直听的凄清悠远的"赛梨的萝卜咧"的叫卖声,还有那敲得人心里惶惶不安的盲人的小锣声,已经不只是抑郁和悲凉的感觉,而有了不同的联想和感慨。冰心觉得五四运动使自己成熟了许多,写作使自己冷静了许多。她听从心灵的呼唤,不停地写下去。写作占用了她大部分时间,而课堂上的理科功课却完全成了敷衍。下了学,把书包一扔,就一心只想写小说。她越写越想写,写得手都熟了,几乎每个星期都有作品问世,成为良医的理想再也抵不过创作的欲望,她从更多地关注人类的肉体转到全身心地关注人类的灵魂,并最终改变了理想中的职业,将文学创作作为一生难以割舍的事业。

五四推出了一个新的历史时期,标志着中国由旧民主主义革命时期进入新民主主义革命时期;五四创造了一个新的文学时代，标志着崇尚民主与科学精神的现代文学的开端；五四也造就了一代新人，并使一批思想和文学巨匠应运而生。"冰心"更是五四运动的直接产物，可以说，没有五四，就没有"冰心"——这个现代文学史上响亮的、闪耀着异彩的名字。

第九章
"问题小说"和"爱的哲学"

> 我的问题——
> 我的心
> 在光明中沉默不答。
> 我的梦
> 却在黑暗里替我解明了！
>
> ——冰心《春水·一〇二》

冰心是被时代潮流推动着自发地走上文学创作道路的。她是一位思想单纯、为人严谨而又性格浪漫、喜爱幻想的女性，她有一颗正直善良而又温柔敏感的心灵，有强烈的同情心，有敏锐的观察力。因此，当她走出家庭和学校的小圈子，走到社会的大天地中时，她的眼前出现了太多太新异的风景，从中她看到了人们没有看到或司空见惯视而不见的东西。这种理想与生活的反差最先引起的是思想上的冲突和心灵上的撞击。冰心觉得她的心灵受到了前所未有的震荡，满脑中萦绕的是前所未有的困惑和问题，异样而丰富的感受堵在胸口，使她一刻也不能平静，她需要有一个喷发口。五四运动给了她新的体验、新的思想，也给了她最适合于自己思想的武器——文学，使她能把这种内心深处的矛盾用文学的形式表达出来，写出别人感受不到或感受得到却写不出来的东西。

当冰心打开社会生活的大门时，首先涌进来的是各种各样的问题：国家前途、民族命运、贫富差异、进步与落后的矛盾，等等。与此同时，再反观日常生活，她又恍然发现，许多问题如妇女问题、家庭问题、青年问题、知识分子出路问题等早已存在，而且长期无法解决。正像她的一篇小说《一个忧郁的青年》中的主人公彬君所说的："从来我们可以说都是小孩子，无论何事，从幼稚的眼光看去，都不成问题，也都没有问题。从去年以来，我的思想大大的变动了，也可以说是忽然觉悟了。眼前的事事物物，都有了问题，满了问题。"于是她便想把她看到听到的种种问题，用小说的形式写出来。善良的冰心希望能在自己的小说中给别人指出一条解决问题的路，也希望大家看了自己的小说，都来思考这些问题，共同解决这些问题。她的这类小说在同样被这些问题困扰的读者中引起强烈的共鸣，被称为"问题小说"。

对于年轻的冰心来说，她体验最深、最引起她关注的还是生活中时常接触到的问题，因此她第一个时期的"问题小说"基本上都是以家庭、妇女、青年、知识分子出路为主题的。她登上文坛的第一篇作品就是1919年9月18日至9月22日在北京《晨报》上连载的关于家庭问题的小说《两个家庭》。

家庭是社会的细胞,几乎每个人都无法摆脱家庭的影响。冰心拥有一个幸福美满、生活优裕的家庭。父亲思想开明、热爱家庭,母亲是典型的贤妻良母,又是一个有见识的知识妇女,父母互相尊重体贴。她还有三个弟弟,姐弟感情甚笃。一家人相亲相爱,十分和谐。但是她周围也有一些不幸福不和谐的家庭。她原来以为天下的家庭都像她的家庭这样完美,天下的母亲都像她的母亲一样充满伟大的无私的母爱。可是她发现自己错了。就在她的同学中就有不少人暗咽着家庭不幸的苦果。冰心觉得来自社会的压力虽然使人压抑,却没有那么矛盾,而来自家庭的压力却使人更加无奈。本来应该给每个家庭成员以幸福和安慰的家庭却成了痛苦的渊薮,本来应该成为社会压力缓解场的家庭却成了新的压力的制造源,特别是一些知识分子因受家庭羁绊、遭情感打击而如笼中之虎,无法施展自己的才能,磨蚀了报效祖国、为民众服务的青云之志,这使冰心非常痛心。她这时正在读俄国著名作家托尔斯泰的作品,她发现这个大文豪也同样对家庭问题特别关注,而且有深刻的论述。他在长篇小说《安娜·卡列尼娜》的一开头就写道"幸福的家庭都是相似的,不幸的家庭却各有各的不幸",在小说中他也写到了两个不同家庭的不同命运。这些都使冰心受到启发。

《两个家庭》也将两个家庭进行对比,体现了五四时期特有的时代精神与内涵。冰心在小说中描写了两对青年夫妇对待生活的两种不同的态度和方式。冰心对母亲有着深沉的感情,她觉得母亲是一个家庭的核心,给一个家庭带来了爱与幸福。因此,她在这篇小说中着重刻画了不同的家庭主妇在家庭中起到的不同作用,对家庭成员产生的不同影响。小说的正面形象模范妻子亚茜是一位青年知识分子,婚前受过良好教育,婚后在家庭中相夫教子,使她的丈夫"三哥"在外面遇到挫折有些灰心时能在家庭中得到治愈,并重新鼓起生活的勇气。而另一位妻子则不明事理、懒惰虚荣、自私享乐、热衷于无聊的社会交际,对家人缺少爱心,根本没有起到一个家庭主妇应起到的作用,致使子女无人管教,受过良好教育的丈夫则因受不了终日的家庭折磨走上了绝路。

《两个家庭》,一个是演不完的喜剧,一个却是结束得太快的悲剧。冰心以她的方式向人们提出了一个普遍受到关注而且永远存在的问题,单是这个问题的提出就足以引起当时社会的注意了。因此小说发表后,这个问题立刻成为人们议论的话题。冰心的答案是温和的,与当时反传统的思潮不那么合拍,并不能彻底解决所有人的问题,但那却是她的真实想法。在她本人的一生中,她也像亚茜一样,保持着中国妇女的传统美德,保持着娴雅的淑女作风和淡泊的知识分子气质,宁可关在家里写作,过一种平静的哪怕是清贫的寂寞的日子,也不愿参与那些为交际而交际的社交活动。由于她不爱在公开场合露面,很多人都是只闻其名,未谋其面,因此便有种种猜测,甚至有人谣传冰心是个麻子,要不为什么不爱抛头露面呢?有一次冰心到一个地方,很多人围上来盯着她的脸看,冰心觉得他们的目光很古怪,从旁一打听,才知道原来他们是想弄清楚冰心究竟是不是个麻子!

家庭是一张网,有经线,也有纬线。如果说夫妻关系像经线,那么父母与子女的关系就像是纬线。无论是经线还是纬线,只要有一根发生问题,就无法成为一张完整无缺的网。在五四新旧冲突空前激烈的时代,在许多封建家庭中,家长往往成了维护旧礼教、旧思想的卫道者,吸收了新思想的青年一代往往成了旧制度、旧家庭的逆子贰臣,因此父子间的思想分歧、家庭矛盾往往演变成不可调和的阶级间的斗争,并由此而导致了无数的悲剧。冰心虽然没有亲身经历,但所见所闻已不是一件两件了。1919年10月,冰心又在《晨报》上连载发表了她的另一篇关于家庭问题的小说《斯人独憔悴》。这篇小说可以说是《两个家庭》的姊妹篇,反映了家庭问题中的不同侧面。在这篇小说中,爱国进步青年颖铭、颖石兄弟对"汉奸"父亲的为人和做法极为不满,因而发生冲突。结局却是专制暴虐的父亲不费吹灰之力便大获全胜,两兄弟只能是"冠盖满京华,斯人独憔悴"。这又是一篇切中时弊的小说,在青年学生中尤其受到欢迎。一些学生剧团还把这篇小说改编成话剧演出。

　　作为一名青年女性，冰心对妇女问题有着男性作家所没有的那种更切近的同情与焦灼。她深深地感到，在当时的社会背景下，被压迫在社会最底层的是普通的劳动者，而在家庭最底层的则是妇女。社会动荡最先遭受苦难的一般都是劳动人民，家庭变故中最先被牺牲的则常常是妇女。冰心忘不了祖父告诉她的话，她的几个姑奶奶就因为是女孩子而失去了读书的机会，她自己作为祖父大家庭里第一个正式上学的女孩子，也感到了来自各方面的压力。她忘不了母亲的伯母说母亲的话："女孩子的手指头又当不了门闩。"女人在家庭里也一样没有独立的人格，经常是连说话、发表自己意见的权利都没有。如果是穷人家的妇女还会更惨，像她的奶娘，因为没有生下个儿子，在丈夫死后就被婆婆赶出了家门……

　　冰心在《庄鸿的姐姐》《是谁断送了你》和《秋风秋雨愁煞人》等小说中通过描写一个个善良、聪慧、有理想、有才干的青年女性被封建落后思想和宗法家庭制度毁灭吞噬，揭露了不合理的社会制度从各个方面对妇女，特别是有觉悟的青年女性的迫害及封建礼教的虚伪性、残酷性。小说中的主人公庄鸿的姐姐和怡萱所受的迫害主要来自长辈。她们虽然都因为是女孩子而失学，最后抑郁而死，但她们的情况也不完全相同。庄鸿的姐姐受害于贫困，怡萱则受害于封建家庭制度骨子里对女性的歧视。

《秋风秋雨愁煞人》着重揭示了妇女在封建婚姻制度下所受到的迫害。小说描写了三个不同经历、不同归宿的年轻女性——淑平、英云和"冰心",她们是中学里的同窗好友。淑平因病早逝。英云是个德才貌俱全的五四时期完美女性化身,人人都觉得她可以走出一条为社会服务的独立女性的新路,而她也正向这个方向努力。但是正在她幻想高中毕业后继续深造、学习更多的本领造福社会并正大光明地赢得社会的尊敬时,她的势利的父母却不顾她的坚决反对,将她许配给了她的表哥——一个纨绔子弟。原因很简单,因为她表哥的父亲是个司令。英云十分厌恶那种官僚家庭奢侈糜烂的寄生虫生活,可是她也无力反抗。她即使能冲破这个家庭牢笼,又怎么能跳出整个社会为女性设下的深渊呢?她给文中的第三个女性"冰心"写信时说:"我心中满了悲痛,也不能多说什么话。淑平是死了,我也可以算是死了。"淑平死于个人身体上的疾病,英云则死于"社会病",那么第三个女性将有什么样的命运呢?作者冰心把自己的笔名给了小说中的主人公,说明小说中的主人公也正是自己的化身,她也像那个"冰心"一样为自己未来的命运感到困惑和担忧。

有知识的进步青年和封建家庭处处表现得格格不入,他们很少能成为这种家庭里的真正主人,作为封建家长制度下的附属物,他们在家庭中找不到出路,他们把目光投向社会,但在社会上又有什么样的命运在等待着他们呢?

冰心提出一个问题后，便去寻找答案，但是在她把目光从家庭转向社会举目四望时，接踵而来的却是一个个新的问题，其中最能在心底引起共鸣的是青年知识分子的出路问题。冰心看到那些学有所长又一心想为公众服务的青年，走上社会后却处处碰壁时，便想起父亲当年到北京以后的郁郁寡欢和意志消沉。报国无门、宏图难展是知识分子最大的苦闷，而这个问题在新旧思想激烈交锋、新制度萌芽、旧制度垂死挣扎的五四时期显得尤为突出。

冰心1919年11月在《晨报》上连载的小说《去国》反映的就是这样一个主题。小说的主人公英士留学美国，有远大理想，有真才实学。他听到自己的祖国推翻了封建帝制，而且挫败了几次复辟帝制的企图这一消息后，觉得很有希望，不禁发出感叹："以我这样的少年，回到少年时代大有作为的中国，正合了'英雄造时势，时势造英雄'那两句话。我何幸是一个少年，又何幸生在少年的中国。"于是他满怀报国之志回到祖国，却发现社会现状与他的想象大相径庭。腐败的社会容不下他的理想，他无力改变社会，也不愿与这个社会同流合污，随波逐流，所剩下的就只有逃避——去国——带着梦想破灭的失望、怨愤和忧伤，带着割不断的对祖国又爱又恨的矛盾情感。他在回美国前，向自己的祖国痛苦地呼喊："可怜啊！我的初志，决不是如此的，祖国啊！不是我英士弃绝了你，乃是你弃绝了我英士啊！"

英士，这个被时代托举起来的有志青年，却又被社会抛弃了。然而被社会抛弃的不只是一个英士，而是一代人。冰心虽然还没有像英士那样独立地走上社会，但她已深深地感到了这种普遍存在的隐忧。因此，小说一经发表立刻引起轰动，许多读者给报社写信，倾诉了自己的感想。《晨报》便登载了一篇题为《读冰心女士的〈去国〉的感言》的文章。作者认为这篇小说不仅仅写了一个英士的命运，也道出了千万个与英士有同样经历的青年的心声。它不仅仅是作家想象出来的文学作品，而且是研究人才问题的一个引子。

由于读者的喜爱，《晨报》对这个新人给予了特殊的扶持。在《晨报》创刊一周年的特刊上，冰心的《晨报……学生……劳动者》和陈独秀、蔡元培、李大钊、鲁迅等五四新文化运动领袖的文章登在同一个版面上。这是对冰心文学创作成就的最高肯定，也意味着冰心已跻身最受欢迎的作家的行列。

当冰心把身边的、眼前的问题写尽后，回忆中的事物又活跃起来，快乐的童年、大海、荷枪的士兵，等等，构成了她第二个时期作品的主要题材，如小说《国旗》《鱼儿》《一个兵丁》《一个不重要的军人》《一篇小说的结局》《三儿》《还乡》《骰子》等，散文有《"无限之生"的界线》《问答词》《到青龙桥去》等。这些作品大多仍属于"问题小说"范畴，只是冰心的目光已从本阶层转向了更为广阔而复杂的其他社会阶层，转向了其他生活得更悲惨、更值得同情、更值得尊敬的人们。如果说第一个时期还基本上是冲口而出的忧郁的疑问，第二个时期的则多是深思熟虑的愤怒的质问了。

作为军人之后代，她由衷地崇拜爱国的军人，如《到青龙桥去》里写到的七位军官，但也本能地同情那些被驱使上战场、根本无法主宰自己命运的士兵。身处乱世，冰心对战争更是切齿痛恨，特别是那些为一己私利把无数无辜的生命当成炮灰的残酷战争。她在小说中多次发问：世界上为什么要有战争？为什么就要打仗、就要杀人呢？是谁把无冤无仇互不相识的人推上了战场？他们为何牺牲，为何奋勇？像《一个兵丁》中的老兵、《一个不重要的军人》中的下级士兵、《一篇小说的结局》中的儿子和侄儿、《鱼儿》中失去了右臂的老兵、《一个军官的笔记》中在战场上各为其主相互厮杀全成了残疾的两个堂兄弟。战争的仇怨与隔阂不仅加在了双方成年人的头上，就是纯洁的孩子也难以幸免，如《国旗》中"我"的小弟弟和德国小朋友杰蒙、日本小朋友武男之间不能按他们自己的意愿结为朋友。冰心借小说中小弟弟之口问："他也爱我们的国，我们也爱他们的国，不是更好么？"可见当时的冰心虽然发表了很多作品，但她的思想还是非常单纯的，她对和平的理解有一定的局限性。

作为贫苦农民的后代，她非常同情那些贫困的农民，同时也清醒地看出了导致贫困的一个重要原因——愚昧。他们什么时候才能摆脱这种愚昧？什么时候才能过上富裕日子呢？她对他们既"哀其不幸"，又"怒其不争"，小说《还乡》正是表现了这一主题。

在第二时期的创作中，冰心已渐渐显露出了对儿童题材的兴趣。《三儿》中的三儿是一个捡破烂的贫苦孩子，他生活在军营附近，因为要捡几个废子弹壳而被一个打靶的下级军官打死。小说抨击下级军官缺乏人性，而对三儿，作者不仅寄予了全部同情，还通过描写他临死前的坚强表达了作者的敬意。《骰子》中的小主人公雯儿是一个受过新式学校教育、聪明懂事的小姑娘，她巧妙地利用奶奶的迷信思想治好了奶奶的心病，同时也生动地回答了当时人们对中、西医如何取舍的问题。

冰心就是这样一个问题一个问题地不停地写着。但是她越去探究这些问题，越觉得这些问题每一个都不是孤立的。她发现世界上一切的问题都是相关联的，要解决个人问题，就要解决家庭问题和社会上的各种问题；要解决眼前的问题，就要解决过去遗留的问题和以后可能出现的问题。这一个个九连环似的问号像一团乱麻使冰心感到烦躁和不安，所以她笔下给人们留下深刻印象的"问题人物"，几乎都是灰色阴暗看不到一丝光明和希望的结局，不是消沉下去，憔悴下去，就是抑郁下去；不是"去国"，就是"自杀"！因为冰心是抱着一种现实主义的态度进行文学创作的，这也正是五四时期特别提倡的写实文学的精神。既然她自己也没有看到解决这些问题的任何乐观的答案，她就只能用现实生活中的答案回答来自现实生活中的问题。但冰心绝不是一个悲观厌世的人，所以当人们对她的"问题小说"中的写实主义风格表示怀疑时，年仅十九岁的她，忍不住在报纸上第一次向读者公开了她的创作思想。

这天下午四点钟，冰心放学回家，一进门看见庭院里数十盆菊花开得如云似锦，但花台里却堆满了落叶。喜爱整洁、容不得杂乱的冰心忍不住拿起灌壶先给菊花浇了水，又拿起扫帚扫落叶。这时用人给冰心送来一封信，是她的一位旧同学寄来的，上面有一段话谈到了冰心的小说：

"从《晨报》上看到你的几篇小说，总的来说写得很好。但你为什么写上那么多悲观的话呢？让人觉得满纸秋声似的，心里很压抑、很颓丧。"

冰心把信递给父母看，母亲看完后说："他说得对，你的小说总让人感到有些悲惨，叫人看了心里不好过。你这样小的年纪，不该学成这个样子，要知道，你写的东西与你的前途是很有关系的。"

"是啊，我这么说倒不是有什么忌讳。你要是老写这种悲悲切切的东西，整天浸泡在这种消极的感情里面，到时候难以自拔，会影响你的性格，消磨你的意志。"父亲也在一边点头说。

"我写的都是别人,又没有写我自己,你们不用担心。"冰心笑了,虽然她也觉得父母说得有理,但她的本心不是消极悲观的,所以忍不住为自己辩护了一句。

"可那些话不是你写的吗?手下写出这些话来,心里能没有感觉?"母亲知道冰心在强辩,也笑了。

晚上,冰心一个人思考白天同学的信和父母的话,针对他们的看法写了一篇文章《我做小说,何曾悲观呢?》。她在这篇文章中告诉读者,她觉得一个人写的东西,和他眼前的景物是很有关系的。也许是她写作的环境有些凄清,写出的东西就难免带了些悲凉的色彩。但是从她创作小说的目的来说,却是要感化社会。她描写旧社会、旧家庭的不良现状,是为了让人看了有所警觉,进而想到去改变现状。如果不说得特别沉痛悲惨,就很难吸引人们的注意力,当然也就不会有人想到去改良现状了。她是想以这种消极的文字产生出积极的作用,就像《国民公报》的《寸铁》栏目中一篇评论文章中说的那样:

"有个朋友在《晨报》上看见某女士所做的《斯人独憔悴》小说,便对我说他如何痛恨旧家庭习惯的不良……我说只晓得痛恨,是没有益处的,总要大家努力改良才好。"

冰心虽然如此阐述她的文学观念,但读者和父母的意见还是对她产生了一些作用,她告诉读者,以后将多写些让人看了乐观的小说。其实,冰心在提出"问题"时,就一直在寻找能够让人乐观的答案，这就是同样具有冰心本人特色的"爱的哲学"。

"问题小说"与"爱的哲学"是现实与理想这对矛盾的两个方面，是冰心内心冲突外化的两种不同形式。五四以后的作家中，能写出"问题小说"的不少，但能提出并实践"爱的哲学"的几乎只有冰心一人。

自小到大，冰心都沐浴在从未干涸过的"爱之河"中。虽然生活中也有过痛苦的烦恼，但只要她一投入这条"爱之河"，所有的痛苦和烦恼便像雪花落在流动的水面上，立刻消失不见了。因此，她在为别人开"药方"时，首先想到的自然就是她自以为无所不在、无所不能的"爱"了。

这条"爱之河"的源头有一眼永不枯竭的"爱泉"：冰心一生歌颂的母亲。

小时候，有一次她走到母亲面前，仰着脸问道："妈妈，你到底为什么爱我？"母亲放下针线，用她的面颊抵住小冰心的前额，温柔地、毫不迟疑地说："不为什么——只因你是我的女儿！"

母亲的回答使冰心懂得了什么是真正的母爱——一种对子女无条件的爱。她觉得只要是有母亲的人，都应该能得到这种无私的爱，并能以这种爱抵御所有的外来侵袭。

冰心能够成为时代的幸运儿，首先是因为她有一个幸福的家。她的父母不仅爱她，而且承认她的独立人格，尊重她对人生的选择。母亲从不开拆别人寄给冰心的信件，从不盘问她与同学、朋友之间的往来，在当时的社会中，这是对她给予了最大的信任和理解的表现，就是今天的父母有些也做不到。当年她想上学学医，得到了父母的赞许，而当她放弃学医走上文学创作道路时，父母给予了她同样的支持。冰心是个羞怯的女孩儿，很怕别人看见她未发表的稿子，只有父母亲除外。她每写完一篇稿子，总是先捧到母亲面前。母亲就戴起眼镜，含着笑认真地看起来。母亲是冰心最忠实最热诚的批评者，对她的错误和不足总是毫不留情地指出来。而且酷爱读书的母亲经常与冰心交流，像"普罗文学"之类的名词，冰心都是从母亲那里才第一次听到的。父亲也常加入进来，与母亲一起帮她推敲文字和内容。一次，父亲看了冰心刚写好的小说《斯人独憔悴》里那个爱国青年与顽固派父亲的对话，觉得力度不够，就加了好几句。父亲像在台上表演似的，模仿小说里的"父亲"说得绘声绘色，冰心一边记一边笑。她觉得父亲加的这几句话，从小说中的老人嘴里说出来，真是太传神了，这是她自己无论如何也想不出来的。

父母之外，这条"爱之河"沿途还有许许多多的支流汇入，不断丰富着它，并加宽了它的水面，这就是冰心不断讴歌的童心。

冰心有三个弟弟，他们虽然年龄相差不少，但感情非常深厚，关系也十分亲密。他们在冰心眼中是"我灵魂中三颗光明喜乐的星"。冰心从他们身上收获了纯洁的童心，净化了自己的灵魂，丰富了自己的思想。

她和三个弟弟不仅感情相依，在思想上也能互相沟通。冰心从不把他们当成不懂事的孩子，而是当成有独立人格和思想的人，常与他们在一起平等地探讨问题。

有一天他们谈到冰心最喜欢的大海，从海潮、海风、海舟最后谈到海的女神。三个纯洁的小孩子以他们一尘不染的眼睛去看他们心中的海：涵说海是温柔而沉静的；杰说海是超绝而威严的；楫说得更好了，海是神秘而有容的，也是虚怀的，也是广博的。这些"童言"使冰心笔下的海更加丰富、完整："我希望我们都做个'海化'的青年。"

冰心给弟弟们爱，也从弟弟们身上得到爱的回报。在与弟弟等小孩子们的交往中，她深深地体会到童心不仅可以为伴，还可以为师，可以为鉴。

一天，冰心的大弟弟谢为涵正在廊檐下吹箫，冰心走了过去。她进屋撩开床边的白纱帐子想坐下，可刚一伸手，便碰到了一个蠕动的东西，她吓了一跳，细一看才发现是一条很长的蜈蚣。她连忙用手绢把它拂到地上，冲弟弟说：

"快把它踩死！"

为涵放下箫，默默地看着，没有动。

"你快点儿啊，它要跑了！"冰心催他。

这时，为涵抬起头，眼中是严肃而温和的目光。他慢慢地说："姐姐，这也是一个生命啊！"

童心就是天真的爱，童心使世界永葆一份美丽和希望。在冰心十五六岁上中学时，生活单调乏味，似乎没有什么可记忆的东西，但是她记住了一个偶然看见的孩子。那天，她从城外回来，骑着驴走在一条很长的古道上，脚下的泥很滑。田沟里的水潺潺地流着，靠近村庄的树都笼罩在湿烟里，一弯新月挂在树梢。一边走着，她觉得道旁有一个孩子，胸前是一堆白灿灿的东西，但她没有去看。等驴儿走过去了，她无意中回了一下头，看见那个孩子抱着花儿，赤着脚，正向着她微笑。以后，每次想起这情景，无论她心情多么灰暗烦躁，都会立刻变得光明澄澈，如登仙界，如归故乡。

这条"爱之河"上还映着两岸的风光，使人在其中如游画廊，这就是冰心一心向往的自然界。

自然界似乎是无言的，不会喋喋不休地给人类讲述什么，却能弥补人世的不足，使人忘言，使人忘我，使人忘记尘世的烦恼。

冰心父亲的朋友送了两缸莲花，一缸是白的，一缸是红的。白莲花瓣已谢，散在水面，像一只只小船，梗上只留下小小的莲蓬。花瓣以自己的枯萎和死亡，换取了莲子的饱满和成熟。那缸红莲开得正好。这时突然大雨倾盆而下，冰心担心那朵红莲一定要"雨打飘零"了。可是她去看时，却发现红莲旁边的一片大荷叶慢慢地倾斜过来，正好把红莲遮住。这自然界中的爱使冰心一下子想到母爱，她感叹道："母亲呵！你是荷叶，我是红莲。心中的雨点来了，除了你，谁是我在无遮无拦的天空下的荫蔽呢？"

"空气是公用的"——这是冰心的大弟弟谢为涵最爱说的话，冰心更引申了一步——"凡是自然界里种种的现象都是公用的"。她还说："自然界是一个大公园，无论是谁要是感觉干燥空气的痛苦的时候，请随便到那里去，那里没有人禁止你！"

五四以后，许多外国文学和文学家被翻译介绍进来，新文学刊物上也经常刊登和连载一些译文、译诗，这对当时不少作家都产生了影响。1919年冬夜，冰心与弟弟一起翻阅杂志，在一本杂志上看到好几段很短很短的诗，是郑振铎翻译的印度诗人泰戈尔的《飞鸟集》。这些诗紧紧地抓住了冰心年轻的心，她从中看到了作者伟大的心灵、深刻的哲理、缜密的文思和清丽的词句。读了他的传略和诗文后，冰心"心中不作别想，只深深地觉得澄澈……凄美"，于是她牢牢记住了这个她第一次读到的名字——泰戈尔。此后，她千方百计找泰戈尔的诗来读，不管是中译本，还是英译本。随着对泰戈尔了解的深入，冰心发现泰戈尔与自己有许多相似之处。比如，她喜欢对着美丽的大自然独坐沉思，而泰戈尔小的时候，也常坐在窗下，望着天光云影，能有两三个小时的工夫神游物外，不言不动！

这些使冰心更觉得与他"相见恨晚""一见如故"。她怀着这种激动崇拜的心情写了一篇散文《遥寄印度诗人泰戈尔》,她在文中对这位心灵上的朋友和导师说:

泰戈尔!美丽庄严的泰戈尔!当我越过"无限之生"的一条界线——生——的时候,你也已经越过了这条界线,为人类放了无限的光明了。

只是我竟不知道世界上有你——

……

你的极端信仰——你的"宇宙和个人的灵中间有一大调和"的信仰;你的存蓄"天然的美感",发挥"天然的美感"的诗词,都渗入我的脑海中,和我原来的"不能言说"的思想,一缕缕的合成琴弦,奏出缥缈神奇无调无声的音乐。

泰戈尔!谢谢你以快美的诗情,救治我天赋的悲感;谢谢你以超卓的哲理,慰藉我心灵的寂寞。

冰心虽然没有真的把这篇文章寄给泰戈尔,但她相信泰戈尔一定会看见,因为他们可以在"梵"中合一。而且,在以后漫长的岁月中,她对泰戈尔及其诗的感情始终不变。在她开始译诗时,翻译了大量泰戈尔的诗,如诗集《吉檀迦利》《园丁集》《泰戈尔诗选》及大量散诗。老泰戈尔得知有一个年轻中国女子非常钟爱他的诗,而且还把他的诗翻译成了中文后,很是欣慰,将亲笔签名的《新月集》等诗集托人送给他从未谋面的《繁星》的作者冰心。

冰心从泰戈尔的诗文中找到了"一拍即合"的内容。她找到了爱和对爱的颂赞:神灵之爱、大自然之爱、人类之爱——不朽的爱;还有对生命终极意义的思考:生、死、苦、乐——短暂的人生。这一切也是冰心在现实生活中的真实感受,她希望家像社会一样丰富多彩,社会像家一样温馨。但现实中家是家,社会是社会,不朽的爱与短暂的人生无法相互替代或完全弥合。《"无限之生"的界线》《问答词》等探讨人生意义的散文正是她这种既喜且忧的矛盾心态的直接摹写。这时的冰心仍把社会现象看得非常单纯,正像茅盾在《冰心论》中所分析的那样,她以为人和事的纷纭无非是两根线交织而成,这两根线便是"爱"和"憎"。她以为"爱"和"憎"二者之间必有一者是人生的指针。她这思想,完全是"唯心论"的立场。可是催生了她这样单纯的社会观的,却不是"心",而是"境"。因为她在家庭生活的小范围里看到了"爱",而在社会生活的大范围里却看见了"憎",于是就发生了她的社会现象的"二元论"。

在这种思想和情感状态下,冰心进入了第三个时期的创作。这一时期,她通过燕大同学、文学研究会的发起人许地山和瞿世英的介绍加入了文学研究会。文学研究会成立于1921年初,是五四文学革命以后成立的最活跃、规模最大的文学团体之一。冰心虽然常在文学研究会主持的当时较具实力的文学刊物《小说月报》上发表文章，但对于它的其他活动并不怎么热衷。这时她的作品仍以小说居多，影响较大的有《笑》《超人》《寂寞》等。这些作品与前两个时期的"问题小说"在思想上的差异不大，在向社会提出问题的同时，突出了对人生意义的苦苦思索和对母爱、童心、大自然等美好事物的热情礼赞，文字也比以前要凝练成熟一些。

1921年4月，冰心参加文学研究会后在《小说月报》上发表的第一篇作品——小说《超人》，又在社会上引起空前的轰动。1923年由商务印书馆为她出版的第一部小说集就是以这篇小说为名的。

《超人》描写了青年知识分子何彬如何从满腔热情到彷徨苦闷，从孤独冷漠直至悲观厌世。五四运动之后一段时期，文化变革思想热潮已退，旧的依然旧着，新的已经不新，旧秩序遭到批判，新秩序尚未建立，社会发展似乎暂时停滞，像寂寞荒凉的古战场。人们的思想和精神世界则出现了断层，陷入一片迷惘。何彬正是这种社会背景下，一代患有阴郁症社会病的中国青年知识分子的典型形象，他的经历也是这一代中国青年知识分子走过的最典型的精神历程。为这篇小说审稿的、一向思想冷静的茅盾，都忍不住要站出来说出自己的感想，特意以"冬芬"的笔名加了一段《超人·附注》："雁冰把这篇小说给我看过，我不禁哭起来了！谁能看了何彬的信不哭？如果有不哭的啊，他不是'超人'，他是不懂得吧！"可见这篇小说是怎样地把握住了时代的脉搏，是怎样地抓住了当时青年知识分子的心。

冰心描写何彬的阴郁症的表面症状是一个字"冷"。他虽然和很多人住在同一座大楼里，但他不理别人，也不和人家在一个食堂里吃饭，偶然和别人碰见，轻易也不打招呼。他不仅对人，对一切带有生气的东西如一花一草也都毫无兴趣。从五四时期走过来的他，像一块烧得通红通红的铁被浇上了一盆冷水，曾经有的理想和热情都郁结在心里，而外表只剩了冰冷和坚硬。巨大的反差使他产生了一种幻灭感，觉得世界是虚空的，人生是无意识的。人和人，和宇宙，和万物的聚合，都不过如同演剧一般：上了台是父子母女，亲密得了不得；下了台，摘了假面具，便各自散了。哭一场也是这么一回事，笑一场也是这么一回事，与其互相牵连，不如互相遗弃；而且尼采说得好，爱和怜悯都是恶。

在冰心的作品中处在这种精神状态的青年知识分子形象并不只有何彬一个，她的《世界上有的是快乐……光明》中的凌瑜、《烦闷》中的"他"以及《月光》中的维因都是这样的青年。其实这些形象也都有她自己的影子。她常常抛开现实，沉浸在梦境和内心世界，但即使如此，也像在《繁星·一三二》中写的那样充满了矛盾：

我的心呵！
　　你昨天告诉我，
　　　　世界是欢乐的；
　　今天又告诉我，
　　　　世界是失望的；
　　明天的言语，
　　　　又是什么？
　　教我如何相信你！

　　冰心没有患抑郁症、厌世症，是因为她有一个幸福的家，被母亲、童心和心中对大自然等美好事物的寄托保护着，因此，她也希望以此来治愈那些患上时代病、社会病的同时代的青年。何彬被一个同病房的孩子的童心和这个孩子对母爱的理解感召了；凌瑜被两个美丽的孩子挽救了生命，放弃了轻生的念头；"他"奔回了温暖的家，以母亲的爱和弟弟们的天真驱散了心头的一切烦闷；维因转向了大自然，虽然美好的大自然没能留住他的生命，却使他重新获得了生命的意义，他已不是因烦恼而死，而是为能与大自然合一而快乐。

　　虽然她给小说的主人公以这种美满的结局，但她自己也怀疑，母爱、童心、大自然是否真是一剂万灵妙药。她也看到了这剂药也有药力不够的时候："小孩子似乎很完满，只为他无知无识。然而难道他便永久是无知无识？便永久是无知无识，人生又岂能满足？"因此她不仅给何彬等人"光明的尾巴"上投上了一丝阴影，使何彬"仍然把帽儿戴得低低的"，还在《寂寞》《离家的一年》等小说中直接描写了儿童自身的寂寞和惆怅。

冰心在这一时期，除了小说、散文外，还开始了诗歌创作。冰心立意作诗，是受了《晨报》记者孙伏园的鼓励。1921年6月23日，她在西山写了一段《可爱的》，但并没有采用诗的形式。她寄给《晨报》，6月28日就发表了，这是冰心发表的第一首诗。诗后还有孙伏园的按语：

这篇小文，很饶诗趣，把它一行行地分写了，放在诗栏里，也没有不可（分写连写，本来无甚关系，是诗不是诗，须看文字的内容）。好在我们分栏，只是分个大概，并不限定某栏必当登载怎样怎样一类的文字。杂感栏也曾登过极饶诗趣的东西，那么，本栏与诗栏，不是今天才打通的。

《晨报》的肯定使只想尝试一下的冰心胆子渐渐大了起来，也想开自己心中的"文栏"和"诗栏"。不过冰心总觉得诗的形式无论如何自由，也仍应该尽可能地保留音韵，它怎么也不像散文，写起来那样随意。

但使冰心以诗名蜚声文坛的作品，却是她认为不是诗的《繁星》和《春水》。

冰心上了大学预科后,在新文化运动的高潮中,各种刊物上用白话写的小说、新诗、散文如一夜春风后的梨树开花,使冰心的文学世界为之一新。她不仅在课外贪婪地阅读这些书报,甚至在课内也经常把这些书报压在课本底下,公开地"偷看",遇到自己特别喜欢的句子,就三言两语歪歪斜斜地抄在课堂笔记本的页眉上。有时自己忽然有了灵感,也同样随随便便地记在页角上。日子多了,自己写的东西竟也积攒了不少。虽然每段都只有三五行,却是自己真实的感受,每次翻看都感到十分亲切。冰心舍不得扔掉,把它们都保留了起来。后来她看到泰戈尔的《飞鸟集》,发现著名的泰戈尔写的诗竟也是三言两语,而且充满了诗情画意和哲理,冰心心里一动,觉得自己记在笔记本上的那些短短的感想和回忆,也可以整理成这种样子。于是她模仿泰戈尔《飞鸟集》的形式,将自己平时的三言两语中更有诗意、更含蓄的那些放在一起,因为是零碎的思想,所以取名《繁星》,然后就把它交给了表兄刘放园。关于《繁星》的创作过程,冰心在1923年1月上海商务印书馆初版《繁星》的自序中是这样写的:

> 一九一九年的冬夜,和弟弟冰仲围炉读泰戈尔(R. Tagore)的《迷途之鸟》(Stray Birds),冰仲和我说:"你不是常说有时思想太零碎了,不容易写成

篇段么？其实也可以这样的收集起来。"从那时起，我有时就记下在一个小本子里。

一九二〇年的夏日，二弟冰叔从书堆里，又翻出这小本子来。他重新看了，又写了"繁星"两个字，在第一页上。

一九二一年的秋日，小弟弟冰季说："姐姐！你这些小故事，也可以印在纸上么？"我就写下末一段，将它发表了。

《春水》中的小诗也是这样在1922年3月5日至6月14日之间创作出来的。

冰心并没有把《繁星》和《春水》当诗来写。她觉得诗应该有格律，音乐性应该比较强。三言两语就成了一首诗，未免太单薄草率了。因此在《晨报》新文艺栏登出的前一天晚上，刘放园打电话问冰心"这是什么"时，她很不好意思地说："这是小杂感一类的东西……"

虽然冰心始终不承认《繁星》和《春水》是诗，但是它们给了读者只有诗才能传达的独有的诗情和诗意；虽然冰心的诗中依然是她素来吟咏的主题——母爱、童心、大自然、人生的意义……它们却进一步丰富了人们的思想和感情；虽然她的《繁星》和《春水》模仿了泰戈尔的《飞鸟集》，但对于当时爱诗的青年来说，"飞鸟"毕竟是"飞鸟"，照亮他们双眼的是"繁星"，滋润他们心灵的是"春水",于是有很多青年开始以"繁星体""春水体"来抒写他们自己的情怀。

　　冰心是一位谦逊的作家,她晚年时曾说过:"从(发表第一篇文章)那时起我就断断续续地一直写到现在。我没有写出什么惊人之作,也没有什么鸿篇巨著,我只用这支笔,写我的随时随地的思想和感情……"然而,冰心在中国现代文学史上并不像她自己说的这样平凡,她是一位才华横溢的全能作家。她写小说时是一位优秀的小说家;她写诗时又是一位杰出的诗人;她拿起笔随便写写时,又成了一位成熟的散文家。她那细腻传神的笔触,清新婉约略带忧伤的文风,温柔丰富的情感,蕴含哲理的思想,以及充满爱心的积极的人生态度,贯穿在她的全部作品之中,形成了独具冰心个性魅力的思想风格和艺术风格,使她成为中国现代文学史上一道优美而独特的风景线。

第十章

活跃的大学生活

> 青年人!
> 信你自己罢!
> 只有你自己是真实的,
> 　也只有你能创造你自己。
>
> ——冰心《繁星·九八》

五年的大学生活使冰心找到了自己更喜爱和更适合的职业,不仅使灿烂的中国现代文学星河中多了一颗娴雅明丽柔光四溢的仙女星,也使她度过了一段最热闹、最活跃、精力最充沛的愉快时光。这段时光不仅使她充分显露了在文学创作上的奇才异禀,也继续悄悄地改变了她的性格,同时也培养了她多方面的才能,并塑造了她的品格和志趣。

1918年夏末秋初,冰心以第一名的优异成绩从贝满中斋毕业并直接升入协和女子大学。冰心走入这所著名学府,同时也走入了她自小的理想的季节。冰心仍然是走读,每天早晨从家步行到学校上课。她现在已不是那个迷惘忧郁、孤独寡欢的小女孩,而是一个对生活满怀憧憬、对未来充满信心的青年，开始更多地从灰色的背景中发现亮点，并且能从浓云密布的天空中捕捉闪电。

去协和女子大学上学的第一天，冰心已没有四年前去贝满中斋时的那种激动而紧张的心情。她从容地走在上学的路上，很有心情地观赏初秋北京短暂的迷人风景。路边的槐树依然枝繁叶茂，只是树影长了淡了；篱笆上的蔷薇花仍然如满天繁星般开着，只是扁豆秧上紫色的花少了，绿色的豆多了；地上的草依然绿着，一点儿黄意都没有，只是安静得多了。一切仍旧保留着夏天的湿润，天空却变得比夏天更澄澈更高远。凉爽的风轻柔地抚摩着被太阳烧烤了整整一个夏天的脸庞，被风吹起的发丝拂到耳边，撩起一阵轻微的酥痒。这时，冰心忽然想起去贝满中斋的第一天丢学费和没吃到午饭的事，不禁微微一笑，心里同时也涌起一阵惆怅：唉，就像发生在昨天！于是她又想起了那些四散的同学。就这样，冰心陷入了沉思，一会儿回忆起刚刚结束的中学生活，一会儿猜想即将开始的大学生涯，不知不觉已走到了灯市口佟府夹道。

协和女子大学校址原来是清朝的佟府，在大门前一抬头就能看见当时的女书法家吴之瑛女士写的"协和女子大学校"金字蓝底的花边匾额。走进二门就是女大的大礼堂，它是将王府的前三间大厅打通改成的，坐落在很高很高的石台之上。大厅前还有很长的走廊。在廊前台阶两旁各种着一行猩红的玫瑰。正是这玫瑰猛然打动了冰心，使她心中不禁一颤，两眼竟有些潮润。她忙奔向前去，略俯下身子，仔细观察，然后情不自禁闭上眼睛深深地呼吸着。

冰心生活在一个爱花的家庭中，她的祖父和父亲不仅爱花，而且种花。冰心自己耳濡目染，对花也有普遍的爱好。父亲养过的江西腊、秋海棠、菊花、美人蕉、蜀葵、野茉莉和祖父养的娇贵的莲花和兰花，她都很喜欢，可其中却没有一样是能令她怦然心动并引以为最爱的。在她看过的那些文学书籍中，也有许多关于花的描写，但也都没有引起她的兴趣。直到她第一次捧起《红楼梦》时，才从她越看越厌烦的文字中发现了一种令她难忘的花。书中写到，小厮兴儿对尤三姐形容探春时，用了一个花的比喻，形容得十分传神。他说三姑娘的诨名儿叫"玫瑰花儿"，又红又香，无人不爱，只是有刺扎手……看到这里，冰心的目光再也不愿往下移。她反复读着这几句话，都能一字不差地背下来。为什么就只有这几个字呢？这个小厮为什么不形容得再细致些呢？冰心难以按捺心中的好奇与向往，她想更多地了解这种既浓艳又有风骨的花。也许前面有过描写，自己给漏了吧。想到这儿，她飞快地向前翻了几页，可是什么也没有。那也许后面还会有。她又向后翻了几页，满书页其他字都不认，只寻找"玫瑰"两字，可是让她十分失望。虽然她没有能找到玫瑰的芳踪，但她却牢牢地记住了令她仰慕的玫瑰花的名字，总希望什么时候能一睹"芳容"。她也去问了父亲和祖父,可是他们也没有给她什么满意的答复。偶尔她也会感到疑惑,既然玫瑰这么好,为什么祖父和父亲从来没有种过呢?

这是玫瑰花第一次映入冰心的眼帘。这玫瑰真是"又红又香,无人不爱",而且花朵也大得像个碟子,果然是名不虚传,她不由得惊叹着。冰心没有想到,进入协和女子大学不仅仅可以圆她做医生的梦,也意外地圆了她的"玫瑰梦"!冰心的脸上洋溢着喜悦的光泽,与猩红的玫瑰花堪称相映成趣。此后,冰心就一辈子爱上了这种她认为艳冠群芳又有风骨的花朵,似乎正是这种花揭开了冰心生命中最绚烂的一页,同时也为冰心一生中为人处世的风格找到了一个准确的象征,并成为她文学创作灵感的源泉之一。

仅仅为着这两排猩红的大玫瑰,冰心已爱上了这个校园。虽然是第一次走进这所学校,但她没有任何陌生感。大学生活开始后,她和同学们经常在枝叶浓密的玫瑰花旁的草地上、在氤氲的花香中读书聊天,她们一往情深地爱着它。冰心更是形成了一种玫瑰情结,她能自如地以笔抒写内心情感以后,便经常歌颂她的玫瑰。这些她都写在了《玫瑰的荫下》这首诗中:

衣裳上,
书页上,

都闪烁着

　　叶底细碎的朝阳。

我折下一朵来，
等着——等着，
浓红的花瓣，
正好衬她雪白的衣裳。

冰凉的石阶上，
坐着——坐着，
等她不来，
只闻见手里
　　玫瑰的幽香！

在冰心眼中心底，玫瑰是独一无二、与众不同的。她在自己的许多作品中更是对玫瑰倍加推崇，给予了热情的歌唱：

　　世界上有了光明了，玫瑰和蒲公英，一同受了光的照耀，反映到世人眼里；然而他们所贡献的颜色，是迥然不同的。慰悦感情的程度，也是有深浅的。因为玫瑰自有他特具的丰神，和草地上的蒲公英自是云泥悬隔呵。

……

蒲公英也愿意做玫瑰，然而他却不能就是玫瑰。——何曾是"光明"有偏向呢？只是玫瑰自己有他特具的丰神，因此笼盖在光明底下的时候，他所贡献的，是别的花卉所不能贡献的。

在协和女子大学这样的学校，一般学生的校园生活都如止水一般静寂，学习也非常紧张，特别是刚开学的一段时间，学生们都努力适应新的环境、新的课程，每天除了上课就是自习，没有什么活动，日子过得单调而平淡，像这种能在玫瑰花荫下徘徊的时间是很难得的。

冰心因为要学医，选的是理预科。在学习上，她仍像在贝满中斋时一样，对数理化的功课比较重视，最不喜欢上的是国文。因为协和女子大学国文课的教学方法和内容与贝满中斋一脉相承，大部分还是冰心已经学过的，没有什么新鲜的能吸引人的东西。老师一个个都像老古董，上课时基本上是照本宣科，很少有人会旁征博引，更没有什么自己独到的见解和新的思想，既不生动又不深刻。如果他们再摇头晃脑或对学生加以呵斥，冰心就更反感、更厌烦了。

冰心班上的同学中从贝满中斋升上来的只有冰心一个人，其他人都是从华北各地的女子中学来的。她们一般在高中毕业后都教过几年书，大多比她年长好几岁。她们待冰心就像小妹妹一样，小冰心也有点儿"倚小卖小"，在班里最为淘气。但是她在学业上十分上心，对于那些她认为重要的功课，总是用心听讲，一字不漏地记笔记，回答问题也很少有差错，做实验也从不拖泥带水，老师们都很喜欢她。所有老师中，她最尊敬最爱戴的是教了她两年数理化等主要课程的管叶羽老师。

冰心第一次见到管老师是在协和女大第一天上的化学课上。上课铃声刚响，同学们都已各就各位，冰心坐在了第一排。冰心上课喜欢坐第一排，一来因为她岁数小、个子矮，二来第一排离老师和黑板最近，不仅看得清楚，也便于及时向老师提问，同时还容易集中精神。这时，一位中年男子夹着书本从容地走进教室。他穿着一件整洁的浅蓝色长褂，看起来十分朴素，脸上是一种很淡很淡的表情，却显得又严肃又慈祥。冰心立刻肃然起敬，觉得他既是一位严师，也像一位慈父。

冰心和同学们都非常喜欢上管老师的课。他不像那些国文老师，讲课时不管学生们爱听不爱听，也不管听懂没听懂，而是细细地揣摩同学们的心理，十分注意教学效果。他上课总是采用启发式的教育方法，先让学生们在课前预习一堂课所要学的内容，自己记下不懂的问题。上课时，他并不一上来就讲课，而是让同学们先提出问题来由大家讨论，然后他再进行重点讲解，最后才是做实验。管老师不仅备课认真，对学生的要求也极其严格。只要是他的课，在学生们进入教室前，管老师已经把课上做实验要用的材料和仪器整整齐齐地摆在了实验桌上。课后，他要求同学们一定要整理好仪器，洗净试管，擦好桌椅，关好门窗，把一切都弄得整整齐齐，才能离开教室。他总是说，从事科学工作的，就必须有一种一丝不苟的科学精神，这需要一开始就从一点一滴做起，养成严谨的作风，特别是学医的，人命关天，更不能有丝毫马虎。

管老师还经常强调学习要动脑筋，因此他对学习成绩好又聪明伶俐的冰心印象很好。

有一次做化学实验，一个同学不知怎么把一个中间插着一根玻璃管的橡皮塞子捅进了试管，因为塞得太紧了，玻璃管拔出来了，橡皮塞子却留在了里面。这个女同学急得不知怎样才好，她拿着试管使劲甩了甩，可橡皮塞纹丝不动，又抓着试管左看右看，实在没辙了，说：

"哎呀，你们看，我的试管里的橡皮塞子拔不出来了，你们谁来帮帮我的忙？"

同学们一听，都凑过来帮她想办法。一个有些"愣"的同学说：

"我看磕一磕也许就能出来。"她说着拿起试管就要往桌子上蹾。

可是她刚一举起试管，同学们立刻发出了一片惊叫声："哎——不行不行，像你这样，那试管受得了吗？还不得稀巴烂！"

"我轻点儿不行吗?"那个女同学有点儿扫兴。

"我看是不是找个什么钩子钩出来。"一个有些腼腆的女孩儿小声嘟囔了一句。

"对呀!"许多人立刻表示赞成。可是哪里有钩子呢?

"你们瞎忙什么呢?"一位个子高挑的同学在人群后面说,"钩子根本就伸不进橡皮塞的小眼儿里去!要是真能,橡皮塞也就起不了作用了。"

大家登时觉得像被泼了一盆冷水,你看看我,我看看你。那个把塞子捅进玻璃试管的女同学托着腮,更是一筹莫展。

"要不找根针扎在橡皮塞子上试试。"一个胖同学提议,"橡皮塞子不是软的吗?针很容易扎进去,然后悠着点儿劲,没准真能拔出来。"

"是啊,我们怎么没想到!"大家又热情高涨起来。

于是在大家的鼓励下,她一溜小跑去找了根长长的缝被子的针来。她用力向橡皮塞子扎去。第一下,不但针没有扎进去,橡皮塞子倒被她捅得更深了。同学们又大叫起来:

"哎呀,你轻点儿!"

"叫什么叫啊!不就深了一点点吗?只要能拔出来不就得了。"

说着,她又扎了一下。这次她的动作很轻,像扎针灸似的一点点地往里捻,终于扎进了橡皮塞里,她脸上立刻显出几分得意。同学们也很高兴，屏住呼吸，等她那决定性的一拔。

胖同学轻轻地动了一下针，橡皮塞没有任何反应，她咬着牙使劲一拽。正想喊"出来了"，一看，才发现只有针出来了，那个橡皮塞子却一动没动。同学们立刻哄堂大笑起来。胖同学气得把针扔到了地上。

"我看，也别在这里费脑筋耽误时间了。干脆把试管敲碎得了。"那个愣头愣脑的女同学不耐烦地说。

"你尽出馊主意，这还用你帮忙啊！"有个女同学白了她一眼。大家都笑了，说：

"这也是杀鸡取蛋，光要一个橡皮塞子干什么用！还不如都扔了干脆。"

"那也总比你们这么傻坐着强一百倍，我那样还能得着个鸡蛋呢！像你们这样两样都得不到。看你们坐到什么时候，我反正没有功夫奉陪了。"说着她便回到自己的课桌去了。

冰心一直站在旁边专心致志地看着，连管老师轻轻站在她们身后看了半天她也不知道。这时她忽然想到小时候父亲带她到军舰上时她看到的一种外国插销。她二话没说，立刻向外跑，一转身差点儿撞在管老师身上。她从扫院子的大竹笤帚上，掰了一小段比试管口直径略短、比橡皮塞子上的眼儿略细的竹枝，在中间系一根细而结实的麻线。同学们都睁大眼睛看着这个全班的"小妹妹"开始

"表演"。

冰心把麻线松松地在竹枝上斜着缠了几圈,然后把它们一起直直地穿进橡皮塞子的孔里,然后轻轻抖开线,稍微向上一提,那根竹枝自然而然就横在了橡皮塞子下面。她叫那个女同学握住试管,自己拽着麻线用力一拉,只一下就把橡皮塞子拉了出来。同学们立刻齐声欢呼,冰心也高兴得大喊:

"管老师——出来了!"

同学们登时停止了欢呼,愕然地望了望管老师,又暗暗给冰心使眼色,并轻声地说:

"你怎么能说管老师出来了呢!真是忘乎所以了,还不快改口。"

冰心这才醒悟过来,忍住笑,不好意思地回头看看站在她身后的管老师。管老师并没有一脸冰霜摆出"师道尊严"的样子,而像被她逗乐了似的,满面笑容,看着她的目光显得格外和蔼,并流露出几分赞许之情。冰心和同学们都松了一口气。

学校有时也会请一些著名学者或教授讲演,冰心印象最深的是1919年到校讲演的著名教育家吴贻芳女士。那天是在协和女子大学大礼堂,吴女士身着淡雅而称身的衣裙从容走上讲台。她讲演时条理清晰、声音明朗,坐在第一排的冰心觉得在协和女大的讲台上还从来没有像她这么杰出的演讲者。冰心不仅景慕她端庄和蔼的风度,更钦佩她的才学和为人。当时她就对自己说：这才称得上是楷模，我以后也要做她那样的人。后来抗日战争时期，冰心在重庆经常见到吴贻芳，并且与之建立了真正的友谊。那时，作为参政员的冰心最喜欢参加吴贻芳主持的会议。她们的友谊一直保持到 1949 年以后。

冰心在协和女大时参加了学校的篮球队。有一次，她们的体育老师带她们去和美国学校的女子篮球队比赛。在火车上，她们的美国女老师闭着眼睛默默祈祷，希望她们打赢。但是，她们还是输了。根本不用看身高、球艺和身体素质之类，单看上场时的服装就知道她们赢不了。美国对手穿的是紧身上衣和短裤，而冰心她们却穿着平时穿的校服——竹布大襟上衣和青黑色的长裙子！

理预科的学习生活总的来说是十分平淡的，能给冰心留下深刻印象的人和事，无论好坏都不太多。家里也是一样，弟弟们都已上学，回到家来很少有时间聊聊看到听到的新闻。每天晚上也仍像以前一样，姐弟四人在饭桌旁各据一方，冰心一面自己温习功课，一面解答弟弟们学习中遇到的问题，并在他们累了的时候带他们做做游戏，以免他们打瞌睡。早上冰心梳头的时候，还要督促弟弟们背书。晚上，父亲带着冰心的大弟弟谢为涵睡一处，母亲带着小弟弟谢为楫，二弟弟为杰就和大姐姐冰心睡在一个炕上。所以早上在她这儿背书的多是二弟为杰。为杰就像许多人家中排行老二的孩子那样，总是蔫蔫的，却又不那么聪明乖巧，功课老是让人担心。冰心在协和理预科上学时，他正上小学，每天早上都被冰心逼着背书。有一次背《孟子》，小为杰站在那里微微摇晃着身子，背到"泄泄沓沓也"时，含含糊糊，嘟嘟囔囔，翻来覆去老是那么一句，让冰心觉得又好笑又着急，最后还是忍不住笑出来。好多年以后，冰心早忘记这句话是《孟子》哪一章哪一节还是注释里的了，但二弟反复背诵的这一句和他背书时的语调仍常在她的耳畔响起。

冰心在北京生活好几年了，但对北京的气候依然感到极不适应。因为每天过着"学校"与"家"之间两点一线的生活，其他便无事可做，以至于一次大风沙，竟成了头半年理预科学习生活中区区几件给冰心留有深刻印象的事之一。北京历来有"无风三尺土，有雨一街泥"的民谚，不过冰心最怕的还是春天的风沙。虽然从协和女子大学到中剪子巷的路并不远，但每次她回到家都要洗洗脸，洗洗脖子。这一天下午是实验课，冰心她们由一位美国女教师带着上解剖课。忽然狂风大作、沙尘蔽日，教室里电灯全开了，却像隔了多少层黄纱似的一点儿都不亮。为了让标本的神经显示出来，事先已经注射过了红药水，可现在因为到处一片昏黄，那红丝根本无法辨认。老师皱着眉头，扫兴地说：

"先把标本盖上布，收在橱子里吧，等明天晴了再说。"

这要在平时,少上一节课,简直是盼也盼不来的好事,同学们早就得欢呼万岁,然后叽叽喳喳一番了。可这次,好像有什么大难要来临似的,谁也顾不上和谁闲扯,全都慌慌张张地收拾东西。冰心包上很厚的头巾,一走出教室,沙尘便扑面而来,她本能地闭上眼睛。住校的同学都飞快地跑回宿舍,一会儿就不见了。冰心也不再犹豫,把围巾披得更紧,只露出两只眼睛,抱肩低头,在一片天昏地暗中往家走。路上她被风吹得走两步退一步,一阵狂风吹来时,还不得不停下来,转过身去,等风沙席卷而过,再继续赶路。回到家里,也是关门闭户的景象,她看见廊上、窗台上的沙土至少有两寸厚。

这样紧张严肃而又单调平淡的生活过了不到一年,五四运动就爆发了。冰心也和其他同学一样被卷进了这场伟大的运动之中,这场运动成了她们生活、学习的中心。冰心除亲身参加运动外,还拿起笔来作为武器为五四运动呐喊,而且一发而不可收,竟把兴趣完全转移到文学创作上去了,结果耽误了许多功课,特别是很难自己补上的实验课。她的成绩迅速下降,但她在文学方面的才华日渐出众,因此赢得了老师们的谅解。不少理科教师本来就欣赏这个很有灵气的女学生,虽然他们遗憾失去了一位未来的好医生,但一想到冰心能成为一位受欢迎的作家,也感到高兴和欣慰,何况他们中的许多人还是她的热心读者呢?既然冰心长于文学创作,人的精力又总是有限的,放松理科的学习也在情理之中。在教师们的宽容下，冰心凑凑合合地读完了两年的理科。在朋友们的劝说下，她顺从自己真正的爱好，转到了文科，并且跳了一级。

1920年，冰心改入文科后，感到功课轻松多了。也就是在这一年，冰心所在的协和女子大学与另外二校合并成燕京大学，美国人司徒雷登担任校长，协和女大改称为燕大女校。实行男女合校后，有些功课要到男校上，如哲学、教育学等，而社会学、心理学等则到女校上。在男校上课时，冰心她们就要到男校所在地盔甲厂去。这时期，受五四新文化思想和西方进步思想的熏陶，青年一代正在冲破长期以来的封建思想桎梏，开始有了一定的正常交往。但男女合校别说在当时的社会现状下仍然是新鲜事，就是男女学生也还没有完全适应，女学生表现得尤为拘谨。在到男校上课之前，女同学们都很注意穿着打扮上不要太引人注目，她们一定会记得先把头上戴的玫瑰花摘下来。在课前课后也不轻易与男同学交谈。男生也同样显出腼腆的样子，有的与女同学目光相触时还会脸红。在课堂上，女生们都安静地坐在第一排，绝少回头看后面的男生，好像整个教室里只有她们似的。有时坐在后排的男生把脚放在她们椅子下面的横杠上，簌簌抖动，使她们烦得要命，她们也不会回头以好语相劝，而是以行动来制止。她们趁那个男生抖得正带劲的时候，冷不防把椅子向前一撤，只听他的脚"砰"的一声重重地落在地上。直到这时，女生们也不会回头去看一眼她们的战果。她们只是低头忍住笑，或彼此偷偷地交换一个得意的眼神。的确，她们不用回头也能想象得出那个男生的窘迫与懊恼的模样，只是不知道他是不是也会伸出舌头笑一笑。

但是像冰心这样在全校学生会里担任职务的女学生，是无法避免与男生接触的，如在校刊编辑部里或是在开会的时候。那时女校还保留着"监护人"制度，无论是白天还是晚上，也不管是几个人还是几十个人，开会时，只要有男生有女生，就会有一位老师，多半是女老师，自己拿着一本书坐在会场后面，不管学生们开会开得多热闹，他（她）都一声不出，也不多看一眼，总是静静地看书，真让人怀疑他（她）到底是不是真的能看进去。这一切，不仅是学生，就连担任"监护人"的老师也觉得又无聊，又可笑。

在女同学中，冰心算不怕男孩子的。她自小同表哥、堂哥们一起玩惯了，他们也都很疼爱她，所以每次吵嘴打架，都是她取得"最后胜利"。家里呢，又有三个弟弟和他们的同学，经常是十几个男孩围着她转。再加上冰心虽然现在已经文静多了，但骨子里还是有一股男孩子的野气。只是因为女同学们都很谦让小心，她也就不敢太"冒尖"，怕引得别人侧目不自在。后来大家熟了以后，男同学们都觉得这个外表文弱娇小的女同学与众不同，许地山、瞿世英、熊佛西等当着面就说她"厉害"，而正是这几位日后成了冰心的好朋友。

虽然她不怕男同学,也愿意和男同学们接近,同时也有许多这样的机会,但她还是十分注意保持一定的距离,以免在社会上引起误会。她还就如何处理新时期的男女之间的关系和如何做一个令人尊敬的、得到社会认可的女学生,专门写了一篇文章,名为《"破坏与建设时代"的女学生》。她将女学生分为三个时期,第一个时期是崇拜女学生的时期,这一时期的女学生完全是模仿欧美女学生的开放。第二个时期是厌恶女学生的时期,因为中国女学生与欧美女学生毕竟不同,生搬硬套不仅没能解决自己国家的妇女问题,反而把欧美的一些糟粕也舶了进来。这两个时期的女学生冰心都不满意,她大声呼唤的是合乎理想的第三个时期的女学生,并且提出了十条标准,涉及仪容仪表、职业爱好等多个方面。如在第一条中,她对第一时期女学生那种惹人注目的不中不西、不新不旧的装饰和飞扬妖冶的态度给予了批评。她提出,社会是凭着服饰来断定人格的,因此,女学生在交际场合的服饰应当节制,衣裙的颜色最好用稳重的、素雅的,样式最好用平常的、简单的,至于首饰,除了有用的如手表之类,其余的如晶莹闪烁的珠钻玉石之类,只能损害女学生的形象,还是以不用和少用为好。冰心也提出女学生应避免那些好高骛远、不合国情的言论,在开导没有知识的社会妇女时,不要讲大道理,而应从她们身边的比较实用的话题入手,才能收到实际效果。在第三条至第六条中,她主要指出女学生不应寻求不正当的娱乐刺激,而应当追求正当的、趣味高雅的、高尚的娱乐,娱乐应该不仅能起到放松精神的作用,而且能补充书本中学不到的知识。此外值得特别一提的是应该多读书,而且应将读书作为最经常、最重要的一种消遣,并且还应懂得不同的书籍对人的思想产生的影响是大相径庭的。同时为了有益于服务社会,女生最好还能把自己的心得通过文字让社会共享。她还提倡热爱大自然,结交朋友,参加更多的社会活动,在确立自己的事业时要从实际出发,要学以致用,否则对社会、对家庭、对个人而言都是一种浪费。

以上是冰心对第三个时期的女学生的要求,她自己也正是这么做的。这篇文章写于1919年,距今已经一百多个年头了,但其中的许多内容对今天的女学生、女青年仍有一定的指导性和教育意义,因此后人不得不佩服冰心思想上的敏锐、成熟以及性情品格的淡泊、高洁。

冰心在燕大女校时在学生自治会里任职,工作十分繁忙。学生自治会里有许多委员会,甚至还有伙食委员会,冰心除了因为不住校没参加伙食委员会外,其他几个都少不了她。冰心最热心做社会福利工作,但学生自治会没有固定的经济来源,兴办福利工作都得自己筹款。对学生来说,其他途径筹款都不容易,最方便筹的就是演戏的票款。当时社会上的职业话剧团如凤毛麟角,因此看学生演的新式话剧成了知识阶层的一种风尚。观众多为知识界人士，她们演的也大部分是外国戏剧，其中最多的是莎士比亚的戏剧，如《威尼斯商人》《第十二夜》等。当时学校的英文课正教着莎士比亚的作品，美国女教师听说学生们要排莎翁戏剧，乐得有个实践的机会，十分热心地帮助她们排练、设计服装、准备道具。冰心她们虽然是业余演员，但认真劲儿一点儿也不亚于职业演员。

五四运动开始后，女学界联合会要演剧筹款，各个学校都在抓紧排练。冰心她们演的是莎士比亚的《威尼斯商人》。预演那天晚上，在二、三幕之间的休息时间，冰心独自走到楼上，坐在黑暗中，倚着栏杆向下看。这时她忽然听见后面有轻轻的脚步声，还没来得及回头，一只温暖的手已按在了肩上，冰心回头一看，是一张熟悉的温柔的笑脸。

"你是不是谢婉莹？你还记得王世瑛吗？"这声音十分轻柔。

"哎呀！世瑛姐，是你吗？我怎么会忘记呢！"冰心借助舞台上的灯光认出了这个大女孩儿就是她在福州女子师范学校上学时那个梳两只小辫子、脚上穿横系带布鞋的好友。

"真没想到会在这里见到你！你什么时候来北京的？"冰心兴奋地握住王世瑛的手用力地摇着。

"嘘！小点儿声，小心底下听见。"王世瑛把食指比在嘴前，说完，两人会心地笑了。

冰心忙拉着王世瑛的手，让她坐在自己的身边。暗处只有她们两个人。她们俩注视着台上的表演，谁也没有盯着谁看，可是她们之间的谈话却没有中断。

"刚才你在台上的时候，我一眼就认出了你，觉得十分面熟。可过去七八年了，还真不敢冒失地认你。我就向燕大的同学打听，果然是你。我当时真有点忍不住想立刻跑到台上去，所以第二幕刚一闭幕，我就追到了后台，最后在楼上才找着你。"王世瑛显得有些激动。

"你现在在哪个学校读书？"

"北京女子高等师范大学。"

"那你认识庐隐吗？"

"她是我的同学，而且是我最好的朋友。我们还有两个人也最要好，是陈定秀和程俊英。同学们可羡慕我们了，都称我们为'四君子'。因为我们经常一起出入，也都喜欢写文章。"

"真的？我也喜欢，以后我们在一起可有得谈了！"冰心高兴地说。

"啊，对了，'冰心'是不是就是你？"这一次，王世瑛是看着她问的。

"你怎么知道的？"冰心也转向她。那时冰心对本校的同学也没有公开承认过她就是"冰心女士"呢。可她对王世瑛点了点头。

"我有直觉。再加上你写的人物,许多不都有你自己的影子吗?"

这一天是冰心最开心的一天。她没想到,在中学时因为演戏结识了一个好朋友陈克俊,今天又因为演戏与老友喜相逢,这才真的是莎士比亚所说"人生宛如一个大舞台",到处都充满了戏剧性,有喜也有悲,可喜的是冰心遇到的这两次都是喜剧。

此后,她们的友谊发展到极亲密的程度。冰心家住东城,世瑛住在西城砖塔胡同。两家离得太远,尽管不常见面,却通信频繁,一星期要写两三封,而且一写就是几大张。她们放学回家后还通电话,一说就是一两个钟头,甚至世瑛还要求冰心在电话里弹琴给她听。冰心的父母都说从没见冰心跟谁这么好过。冰心过去一向都是跟谁都相处得不错,但跟谁也谈不上是特别要好的朋友。有时,冰心和世瑛也会带着各自的弟妹到北海公园玩,或互相登门看望。她们最喜欢在星夜深谈。世瑛也爱写东西,并用"一息"的笔名在学生会刊物上发表。冰心觉得这个笔名不够妙,世瑛就让她给重取一个。冰心生平爱星胜过爱月,就取了"一星"的笔名送给这位与她谈话最多、最彻底,写信也最多的朋友。

大学几年,冰心她们演戏可以说从没有间断过,也许是因为当时有太多的穷人需要社会的帮助吧。冰心她们当然不可能从根本上去解决这一社会问题,而只能尽自己一分力量，虽然是杯水车薪，倒也聊胜于无。

有一次，冰心她们为了给学校附近的佟府夹道里不识字的妇女义务开办"注音字母学习班"筹款，决定上演一部新戏。当时鲁迅曾陪俄国盲诗人爱罗先珂看过冰心她们演的这场新戏，还专门写过文章，说爱罗先珂认为燕大演的比北大演的好得多。结果在鲁迅和北大学生之间引起一场激烈的争论。冰心当时虽然久仰鲁迅大名，而且阅读了他的大量新文学作品，但是不认识他。她唯一一次和鲁迅直接接触，还只谈了几句话。那次是燕大举办的一个演讲会，冰心是主持人，负责邀请知名人士演讲。她请过鲁迅、胡适、吴贻芳等许多新文化运动中的巨擘。演讲会上，冰心这个主持人的工作很简单，除了在开始前介绍一下主讲人外，其余的时间就是听讲。

款筹够了，"注音字母学习班"就要开学了。冰心受学生自治会委派担任校长，其实连她自己也没有学过注音字母。不过，校长倒不用亲自教学，但要包办租用校舍、招生、聘请教师等所有工作。冰心在街道上租了间空屋，又请了一位会注音字母的同学，并四处张贴了招生启事，有许多人报名。开学那天，冰心作为校长去"训话"。她看到教室里坐着的大都是中年妇女，只有前排右首坐着的一个十分聪明俊俏的姑娘，引起了她的注意。课后，冰心主动上前和她搭话，问她姓名年龄。没想到这个女孩儿十分大方，含笑说道：

"我叫佟志云,今年十八岁。我不是不识字,但没有学过注音字母,很想学学,所以也来参加了。"接着,她又反问冰心:

"校长,您多大年纪了?"

冰心笑着说:"反正比你大几岁!"其实她比这个女孩子也大不了两三岁。

1920年华北旱灾,北京许多学校开展筹款赈济活动,燕大为此出了《赈灾专刊》,冰心写了发刊词。这一次学校组织担任救灾大会募捐员的学生由教授们带领,在12月18日华北旱灾纪念日那天上街向社会募捐。冰心和同学黄玉蓉、李淑香负责到各女校募捐。她们先后到了华语学校、女子高师及其幼稚园和附属小学、培华女校、笃志女校、孔德学校等处。在孔德学校,一个在学校干杂活的生活并不富裕的女工见了,说:"都是苦人啊!"也掏出了一个铜子,这使冰心很受震动。从她身上,冰心看到了劳动人民的善良品质。

除了直接募捐,燕大女校把演戏卖票也列为筹集赈灾款的重要途径之一。冰心被选为戏剧股主任。在冰心演的这些戏中,她最喜欢的是梅特林克的《青鸟》。《青鸟》的剧本是她自己选定并翻译的,演员也是她挑选的。冰心请她在贝满中斋时的好友、现在也在燕大上学的陈克俊担任"光明女神",自己则担任了一个小角色,还请了她在西山夏令营中认识的培元女子小学的几个小学生演小天使,连

冰心家的小狗北京长毛"狮子"也要上台，演剧中的一只小狗。冰心回家一说，小弟弟谢为楫高兴地说：

"'狮子'也要当演员？太好了，它一定会演好的。"他说着抱起"狮子"，用手轻轻拂开挡住它眼睛的长毛，冲它做了个鬼脸，忽然想起什么似的说，"可是，姐姐，'狮子'不会说话。要是它像童话中那样能说话就好了。"

"真是傻孩子，它上台只有一会儿，能叫就行了，用不着说话。就是非得说话，也只能人替它说了。"

小狗说人话？为楫想到这儿竟"格格"地笑了起来，可是马上又严肃起来。

"姐姐，那你在台上演出时，谁带它呢？"为楫仰着头问姐姐。

"嗯，这倒还没想到。"冰心停了一下，接着说，"看来只好找根绳把它拴起来了。"

"那怎么行！"一向十分敏感的小弟弟表示抗议，"要是让它受委屈，我就不让它去了。"

"那姐姐的戏可就演不成了。要不……你说怎么办呢？"冰心怜爱地搂过小弟弟，俯下脸问他。

为楫想了一想，忽然高兴地说："有了，让我跟着去吧！我来看着它，我保证我们俩都老老实实地待着，不出声音，也不乱跑。"

戏上演时，为楫就躲在后台，抱着小狗等着。"狮子"也特别争气，在后台一声也没有乱叫，等上台时，它看见冰心，立刻跑过去，高兴地围着她又蹦又跳，台下的观众看着它那滑稽可爱的样子，发出一片笑声。

20 世纪 20 年代初，燕大女校与美国威尔斯利女子大学（Wellesley College）结成了"姊妹学校"，燕大女校的好几位教师都是威校的毕业生。威校的女校长来访，自然受到了特别热烈的欢迎。这位女校长被浓郁的异国风情打动了，提出很想看看北京古老的婚礼仪式。这可难坏了接待人员，客人只停留几天工夫，哪那么容易找到结婚的，就是有，婚礼也未必那么典型。女校主任忽然想到可以请学生们表演一下，就像她们演戏一样嘛。这项任务便落到了学生自治会委员们的身上。坐轿子没有什么好表演的，就免了吧，服装像凤冠霞帔、靴子、马褂之类也很容易就借来了，可没想到问题出在演员的角色分配上——都是些未婚的年轻女孩儿，谁也不好意思演新娘。这可把主管这项任务的冰心急死了。最后被逼无奈，只好毛遂自荐，身先士卒：

"这又不是真的，只是逢场演戏而已。鲍希霞你们能演，中国的新娘你们怎么就不敢演呢？你们都不当，只好我当了，我也不等什么'父母之命，媒妁之言'了！"

大家听了她的话，都捂着嘴笑。于是冰心就当了新娘，凌淑华的妹妹凌淑浩当了新郎。两个送亲太太的扮演者是陈克俊和谢兰蕙，两位高班同学张大姐和李大姐分别扮演了公公和婆婆的角色。

那一夜，她们是在女校的教职员宿舍院里表演的，那个热闹劲儿让不知道的人见了还真以为是谁家娶媳妇呢！佟府夹道里的居民也都十分奇怪，平时静得像修道院似的女大怎么今天这么热闹，鞭炮震耳，鼓乐齐鸣，是哪位男教师娶亲，还是哪位女教师出嫁？冰心觉得这出戏像闹着玩，根本没有在台上的那种紧张。不过就是当新娘得蒙着盖头，好多热闹的场面都看不着。好不容易趁人不注意时掀开盖头偷偷地看一眼，旁边的送亲太太还一个劲地捅她，示意她放下。冰心觉得自己就剩了被牵着不停地磕头似的。演到坐床撒帐时，冰心和凌淑浩在帐子里面，看着人们在外面还正儿八经地唱着撒帐歌，两人实在忍不住笑出声来。送亲太太陈克俊和谢兰蕙说她们也止不住，急得一人一个直捂她们的嘴。

冰心的大学生活就是这么丰富多彩，忙碌而热闹，似乎是为了弥补她八年荒山冷海的孤独、一年初到北京时的苦闷和四年中学生活的呆板，甚至还有大半年理预科的单调。虽然她参加了这么多的社会活动，却并没有因此耽误了学习和写作。大学四年级是她一生中第一个创作高峰，也是作品数量最多的时期。她像一座连续喷发的火山，使人无法不惊叹她旺盛的精力和创作力。她的两部著名的诗集《繁星》《春水》及大部分诗歌，还有具有代表性的小说《斯人独憔悴》《超人》《庄鸿的姐姐》等都是在这一时期创作并发表的。而在课程上她也保持了优异的成绩，她的老师都对她很好,特别是她的英文老师鲍贵斯,觉得这个女孩子应该进一步深造,而不应该匆匆走向社会或走入家庭,那样的话,地上将多一块陨石,天上将少一颗长久发光的恒星。在她毕业的那一年春季,鲍贵斯约冰心进行了一次长谈。

"谢婉莹同学,今年就要毕业了,你有没有想过毕业后要做什么呢?"

鲍老师从来没有问过她这种学业以外的个人问题,冰心不禁有些惊讶,迟疑地说:"这个问题,我也想了很久。在我国,知识妇女就业的道路只有两条——医生或教师。小时候我一直立志做一名医生。"

"可是现在你早已经放弃了。"

"是啊!也许我不适合拿听诊器和手术刀,更适合拿笔。因为我总有许多问题,却开不出解决问题的药方。我不仅仅想对一个人说话,而是想对所有的人说话;不仅仅想解除一个人的病痛,而是想解决所有人的病痛;不仅仅想挖掘一个人肉体上的病因,更想找到精神上的病因。也许我不是个受得了科学严格拘束的循规蹈矩的人,而是个喜欢在天空中自由飞翔的人……我怎么也不相信会有这样锋利的手术刀,但一管小小的笔却可以轻而易举地做到。"冰心悠缓地说着。

这是她最真实的想法。

鲍贵斯看着这个文雅聪明而又略带忧郁的女孩子,心中感到非常欣慰。这时太阳已经斜斜地投下了长长的影子，但鲍老师却一点黄昏的感觉都没有，她觉得这个女孩子已使自己忘记了岁月的流逝。有这样的女孩子在身边，有她创造的文学世界，无论是春天还是冬天，无论是早晨或是黄昏，都会感到世界是如此充满着希望，充满着美感和爱。

"让我帮助你到更高远的天空去飞翔吧！"鲍贵斯充满感情地说，"我已向威尔斯利女大推荐你去读研究生，今天我终于收到了回信。威校已决定给你两年的奖学金，就是每年八百美金的学宿膳费，同意接收你读英国文学。不知道你愿意不愿意？"

冰心听了这个消息十分高兴，可她没有急于回答。她想到一去两年，远离故乡，远离父母亲人，特别是身体越来越衰弱的母亲，不知道这一去会不会就成为永诀。想到这里，她心中涌起一种沉重的伤感和凄凉的酸楚。她沉默了一会儿，说：

"鲍老师，非常感谢您无私的帮助。我非常希望有这样一个机会，可是能否去，我还想再考虑一下，过几天再给您答复好吗？"

"你不会放弃这个难得的机会吧？"鲍贵斯显然有些焦急地说，"威校是美国很有名的一所女子大学，不仅校园里风景优美，而且校风极好。我就是威校毕业的，我的母亲和几个妹妹也都是威校的毕业生。我相信威校不会让你失望的。"

鲍老师一席真诚的话深深地打动了冰心,她把内心深处的隐忧告诉了老师。鲍老师点了点头,真诚地说:

"希望你的母亲能早日好起来,我相信上天会保佑她和她的女儿。"

冰心回到家什么也没有说,只是悄悄地向她最熟悉的孙彦科大夫打听母亲的病情。孙大夫是冰心的堂舅杨子玉的挚友,杨子玉介绍他来给冰心的母亲看过病。后来,每次孙大夫出诊路过谢家时都要专门进来探望,冰心和他熟极了。他称冰心的父亲为"三哥",称她母亲为"三嫂"。有时谢家只有几个孩子时,他也不会转身就走,一定要坐下来和他们姐弟说笑一会儿。他听冰心说起因为担心母亲的病而不敢远行的忧虑时,不禁笑了:

"你母亲的身体不算太坏,凡事有我负责。如果你的父母同意,你就尽管去吧!"孙大夫信心十足地说。

这时,鲍贵斯也给冰心的父亲写了一封信,问他是否同意女儿留学。冰心的父亲很客气地回了一封信。他在信中写道:只要小女自己愿意去,只要鲍女士认为小女不会辜负贵母校的栽培,我是同意她去美国的。

冰心还未毕业,鲍老师也就没有在班里宣布这件事,冰心自己当然更不好意思向同学们公开,她依旧像往常一样忙她的课外社会福利工作。

但正是在这段快乐的大学生活期间,冰心失去了两位亲人。一位是她的第一任启蒙老师杨子敬舅舅，另一位就是最宠爱她的祖父。

在冰心上大学的第一年的一天早晨，杨子敬家的用人白妈气喘吁吁地跑来找冰心母亲，人还没有进门，她的声音就传了进来：

"姑奶奶，不好了，老爷他快不行了。"

"你胡说些什么，昨天上午我哥哥不还是好好的吗？"

母亲不相信自己唯一的亲哥哥会出什么意外。

"是真的，昨天下午，老爷突然肚子疼得厉害，呕吐了一夜，现在已经说不出话来了。"

"什么，怎么会这样？为什么不早来告诉我？"母亲的眼泪一下子涌了出来，竟呜咽不成声，"老爷他也不在家，这可怎么好。莹哥，你快陪妈妈过去看看吧。"那时谢葆璋正好回家给祖父祝寿去了。

冰心心想舅舅得的大概是急性盲肠炎，可也没有时间细问。等她陪母亲赶到铁狮子胡同的舅舅家时，舅舅已经断气了。这对谢、杨两家来说都好像是晴天霹雳一般，两家人全都哭得泪干声咽。看到已经瘫倒的舅母，冰心的母亲一下子坚强起来，勉强撑着料理后事。

等到冰心的父亲回家，冰心舅舅的丧事已办完了，舅母和表弟表妹们也搬进了谢家的三间西厢房里。这是从前杨子敬教三个外甥读书的屋子。冰心的三个弟弟失去了教他们读书的教师，只好全都进了学校。

1921年的一天，谢家忽然接到福州老家的一封电报，说是冰心的祖父去世了。这在谢家又引起一片哭声，谢葆璋要星夜奔丧。冰心忽然记起她离开福州老家时，祖父曾悄悄地把他写的几副自挽联句交给冰心，要她好好收藏，并说"谁也不让看，将来有用时，再拿出来"。可怜当时才十三岁的冰心竟真的仔细收藏了近十年，这时才拿出来交给父亲。这挽联有好几对，有一联大意是说，他死后不要"僧道唪经"，这是冰心知道的，祖父只崇尚孔夫子，孔夫子说"不语怪力乱神"，他就根本不信神道，而且相信自己平生没做过伤天害理的事，用不着超度。还有一联则是对自己一生的概括：

有子万事足，有子有孙又有曾孙，足，足，足
无官一身轻，无官无累更无债累，轻，轻，轻

后来父亲告诉冰心，祖父的死可算是人们最羡慕的"无疾而终"。去世那天正是清明，祖父带着冰心的伯叔父和堂兄弟们步行到城外去扫墓。当他向坟台上供献祭品时，双手忽然颤抖起来，二伯父赶紧上前接过去。到了跪拜行礼时，祖父已恢复了常态，还是那么镇定自若。回来时他仍坚持不坐轿子，说还是走走好。回到家后，他才说好像有一点儿累，要安静地躺一会儿。于是他便自己上了床，面向里躺下，叫大家都退出去，不要来打扰他。但

是，伯叔父们不放心，没过一会儿便轻手轻脚地走进去看，发现祖父已没有呼吸了。他的脸上还带着最后一丝微笑，一点痛苦的表情也没有。善良的祖父平静地去了，享年八十七岁。

五年的大学生活过得很快，一晃已是1923年的春季，冰心该忙着写毕业论文了。教冰心中国文学的是周作人先生。他给冰心她们讲现代文学，有时还会讲到冰心的小诗和散文。每次冰心都把头埋得低低的，很不好意思。可是课下，周先生从来没有和冰心单独谈过话。因为要写毕业论文，冰心才与周作人有了个人接触。冰心有时的思维方式与众不同，别人写毕业论文都选自己最熟悉的部分，而她正相反。她想自己对元代戏曲很不熟悉，正好可以趁着写论文的机会，读些戏曲和参考书。冰心把论文题目《元代的戏曲》和文章的大纲送给周先生审阅，可他一个字也没改就退给了冰心，说："你就写吧。"她自己因思虑过重，旧病复发，住了几个月医院，在她匆匆忙忙把毕业论文交上去的时候，同学们早已交上去了。

毕业的最后几个月里，冰心的心情十分矛盾和焦虑，竟使她多年没犯过的吐血的毛病又发作了。别人不知道是怎么回事，只有冰心心里非常清楚——她真不想离开家，离开父亲、母亲和三个弟弟。老师和父母都为她着急，怀疑她得了不好治的肺病，立刻带她到协和医院去检查。结果从透视和其他方面都找不出肺病的症状。医生断定是肺枝节胀大,不算什么大毛病。冰心从前在协和女大的同学中有考上协和医学院的,其中就有著名医学家林巧稚,她们都来看望她,安慰她,还半开玩笑说:"这是天才病!不要胡思乱想,心绪稳定下来就会好的。"

冰心终于康复并走上了毕业典礼台。她除了得到一张学士文凭之外,还意外地得到了一把"斐托斐"名誉学位的金钥匙。

冰心的五年大学生活,以清香迷人的红玫瑰开始,又以金光闪闪的金钥匙结束,构成了冰心最惬意的一段回忆。红玫瑰预示着冰心人生中最灿烂的一页已经揭开,她的整个大学生活就是一个令人回味无穷的"玫瑰梦";金钥匙则象征冰心卓有成就的一生刚刚开始,虽然道路漫长,但二十多岁的她在这条路的入口处,就已经拿到了开启通往缪斯神殿之门的金钥匙。

第十一章
留学美国

美国不是我的国,沙穰不是我的家。

——冰心《山中杂记》

1923年,已是初夏。在静静的护城河边,柳丝轻扬,凉风习习,夕阳俯身从紫禁城金黄的殿宇和深灰的雉堞上探下头来,将闪光的身影映临在水波不兴的河面上,似乎整个北京都被收在了这一团光雨霞雾之中。在迷离的光圈之中,立着一位身穿暗色阔袖旗袍的青年女子。这身装束与她身边走过的白衫黑裙的女学生们有些不同。她的额发随着眉形剪出新月似的弧线,朴素端庄中透出几分柔媚和成熟。她走走停停,若有所思。忽而凝神注视着眼前微澜轻漾的河水,忽而失神地眺望那威严无语的宫殿。她的目光中有喜悦,也有浓愁;有依恋,也有憧憬。特别是在她明眸流转的瞬间,还能从中看出一股豪迈之气和慷慨之情。热情的晚霞用最后的余光跟着她的足迹,像舞台上的一束追光紧追不舍。路人偶尔会看一眼这个面带沉思、人淡如菊的青年女子,但她显得如此普通,成为黄昏时分紫禁城风景中毫不显眼的一部分。路人自顾自而去,他们不知道，这个年仅二十三岁、一副女学生模样的青年女子却有一个广为人知的名字——冰心。

冰心是来这里向北京告别的。在北京生活了这么多年，她从来没有像此时此刻这么强烈地感到北京是如此可爱，北京是如此美丽，北京是如此让人牵挂、让人留恋！天色不早了，可是她怕回家。那个家曾给了她多少爱，曾使她出门时永远都想飞快地重新回到它的怀抱，可是现在见到家中深爱的亲人却只能增添自己的痛苦，他们浓稠的爱成为她承载不起的重量，几乎要使她收起高飞的翅膀。

冰心全家，还有亲朋好友，在理智上都很支持冰心去美国留学，她的表哥还为她筹措了一百美元作旅费，在知道她不缺这笔钱时，还是硬要她收着。随着行期将近，他们却越来越不愿接受这个现实，特别是冰心的父母兄弟，在情感上发生了不小的波动。

冰心是家里唯一的女孩子，是父母的掌上明珠，也是弟弟们的主心骨和榜样，全家人都为她感到骄傲。虽然她从小就南迁北徙，但都和家人厮守在一起，没有须臾短少过亲情和天伦之乐。自从决定要远行后，冰心背着父母亲和家人，怀着矛盾的心情天天数着日子过。日子一天天飞快地过去。冰心也一天天迅速地消瘦下去。可是在家里，在朋友们面前，多情而细心的她还要强忍着这份离别前的痛苦，她知道家人、朋友与她是一样的心情。

最难过的是冰心的母亲。她一想到柔弱的女儿要远渡重洋无依无靠地去异国读书,心都要碎了。每次一想到这事儿,她就立刻觉得有什么东西卡在了喉咙里,不停地咳嗽。但她害怕女儿伤心,舍不得离开自己,反而打起精神装出欣慰的样子,鼓励女儿:"不要紧的,这是好事!"要不就尽量躲着女儿,怕控制不住自己的感情。

7月23日这天,冰心被友人约去话别,回来时已是暮色沉沉。家里停了电,中堂上燃着两支蜡烛,闪闪的光影从竹帘子里透出来,让人觉得凄清无比。她走到院子里,听见母亲同弟弟为涵和为杰断断续续的说话声。他们听见冰心的脚步声,一下子全都不说话了。母亲只顾低下头做针线活儿,为涵和为杰惘然地站了起来,可谁也没有说话。他们扶着椅背,对着一闪一闪的烛光呆望着。冰心很想知道他们刚才在谈些什么,就搭讪着和母亲聊起白天的事。两个弟弟还站在边上,却不搭话,而他们平时最喜欢和姐姐说话了,冰心每天放学回来,都要被他们包围着说半天话才散。母亲强撑着没说两句话,便推说累了,进屋去了。这时冰心才问弟弟刚才到底在说什么。为涵没吱声,为杰叹了一口气,半晌才憋不住地说:

"母亲说真舍不得你走。你走了,她就像……可她又不愿让你知道……"

其实冰心何尝不知道,几个月来,大家都是这样强颜欢笑,谁也不愿揭破这层窗户纸罢了。可是没等为杰说完,为涵就急切而沉重地打断了:

"母亲吩咐了,不许告诉姐姐,谁让你多嘴!"

两个人相对沉默着。这时来电了,电灯突然一亮,屋里的一切立刻变得清清楚楚。冰心这才看清两个人的脸都涨得红红的,像两个小关公。在姐姐的目光下,为杰嗫嚅着说:

"我想……我想不要紧……"

"不行,我不许你说!"

为涵立刻截住他,声音比刚才更严厉了。

这时为杰也急了,觉得哥哥从来没有这样呵斥过自己,这次也太过分了。他委屈地大声说:

"瞒别人,难道还要瞒自己的姐姐吗?"

十三岁的小弟弟为楫大概已经睡了,这会儿不在场。前两天他知道姐姐要走时,曾天真地说:"姐姐,地理老师告诉我们地球是圆的。那你走了,我们想你的时候,可以拿一条很长的竹竿子,从咱们家的院子里,一直穿到对面你住的院子,穿成一个洞。我们从这个洞里就可以彼此看得见了。"

唉——冰心看着忽而沉默对峙、忽而唇枪舌剑的为涵、为杰,不禁想,小弟要在又会说些什么呢?一时百感交集。这种亲情厚爱是她创作的源泉,给过她多少力量,使她充满活力、充满自信地迎接一切挑战,使她充满爱心、充满快乐地去爱周围的人,爱天下的人,爱那些不会说话的花花草草。但是眼前,这种爱却使她窒息,使她失去了行动的能力，失去了判断的能力。她极想勉强自己向一起望着她、仿佛等待她裁判的两个弟弟说点儿什么，或做点儿什么，这时她听到为涵的语气终于软了下来，凄然地说：

"正是不瞒别人，偏要瞒姐姐啊！"

终于到了临行的日子。谢家上下的空气紧张沉闷得凝固了一般。头一天中午，冰心就没上桌吃饭。三个弟弟轮流来叫她，她都躺在床上装睡。最后听见母亲"唉"了一声，说："算了，别惹她了，让她静静地自己歇会儿吧！"

下午，弟弟们招来了几个小朋友陪冰心玩。冰心是最喜欢孩子的了。她和他们围着院子里的一个大莲花缸追跑，相互往身上泼水，冰心弄得浑身上下湿淋淋的。这么闹闹哄哄地一折腾，多少让冰心暂时忘记了多少日子以来的伤心。

正玩着，张妈端来一碗面，说："姑娘，歇歇吧！把这碗面吃了。太太让做的，说你没吃午饭，下午一定会饿的。"

"太太呢？"冰心问。

"午饭后就到西院舅母那里去了，到现在还没回来呢！"

冰心这才想起母亲一定是怕见她伤心，才躲出去的，眼泪一下子涌上来，她赶紧低下头假装吃面，可是哽咽着的她哪里吃得下去呢？

黄昏时，小朋友们都散了，院子里立刻显出了冷清。冰心感到十分寂寞，便走到钢琴边，打开台灯，心不在焉地反复弹着同一段曲调。不知是因为久不动琴了，还是因为心乱如麻，冰心觉得指法乱得一塌糊涂。但她还是信马由缰地弹着，不知什么时候停下来的，倚在琴台上，冲着琴谱发呆，直到父亲走到琴边对她说话时，她才如梦方醒。

"今晚请几个朋友来聚聚吧，就在家里吃饭好了。"父亲温和地说。

可是这时天已经晚了，请谁呢？她想起好朋友王世瑛，她一定会来的，只是她家在西城，赶不上吃饭了。父亲又去请舅母和潜表兄来吃晚饭。这顿饭到了九点多才开。冰心知道，父母请这个请那个来吃饭，无非是怕她又不想吃饭，人多了，打打岔，她也许还能忘一会儿明天的事。果然在大家的说说笑笑中，冰心乖乖地吃了一顿饭。

饭后好一会儿，王世瑛才带着弟妹赶到。几个男孩子在屋外说笑，她们几个女孩儿在屋里东拉西扯，显得有些淡漠而无头绪。到了真要分别时，似乎话别都"话"不出来了，不是轻重颠倒，就是无话可说，要不就是心不在焉。冰心正瞎想着，世瑛忽然向她摇摇头，做出侧耳细听状，过了一会儿，笑着说：

"你猜你小弟弟对我弟弟说什么？"

"什么？"冰心不无好奇地把耳朵也凑了上去。

"他说'我姐姐走了,我们家就像是丢了一颗明珠一般'。"说完世瑛笑了起来,她妹妹世宣也笑了。冰心的脸红了,不好意思地说:

"我们平时总是这样胡说惯了,有时还乱起外号,哪是什么好意啊!常常是三分亲昵,七分嘲笑,有时简直就是讽刺挖苦,你千万别当真。比如说,我爸爸妈妈让我们拿件什么东西吧,我们当然都争着答应了,谁动作快点自然会得到爸妈的夸奖。这时,其他三个人就会站在远处,做着点头赞扬的怪模样说:'孝子,真孝顺,二十四孝加上你,就成了二十五孝了!'刚才他们的话都是我们平时乱开玩笑的话。"

夜深人静,只有父亲一人还在灯下看书。冰心走过去,问父亲:"妈妈呢?"

"睡下了。"

冰心能听见母亲在床上翻身的声音,还有轻微的咳嗽声。她知道,母亲怕和自己说话。

屋里显得格外安静和空旷。父亲在艰难地寻找话题,不着边际地说些闲话。最后他才像是躲不过去似的说:

"我十六七岁离家的时候,你祖父嘱咐我,出外只守着三个字:勤,慎……"

没等父亲说完,冰心已难过得什么也听不见了。

8月3日一早,冰心到佟府向学校里要好的几个朋友辞行,回来已近中午。舅母来请冰心过去吃饺子。席间,父亲一面逗表哥的孩子玩儿，一面注意观察冰心吃了多少。这一切冰心都看在眼里。她再也忍不住，泪水滚过面颊，落到碗里。她怎么也吃不下去，她的心比蘸饺子的姜醋还要辛酸千万倍。她放下碗跑回了家，看见母亲，叫了一声"妈"，便扑到母亲怀里。她挨着母亲坐下来，她们冰凉颤动的手紧紧地握在一起，早已是泣不成声。想到半年来无数的躲躲闪闪、忍泪吞声，这一刻她的情感如洪水般喷涌出来。

出发的时候终于到了。有许多小朋友来给冰心送行，他们一见送她的马车到了，就手忙脚乱地把自行车推了出来。冰心强颜欢笑，简简单单地说了一声"走吧"，却不敢看任何人一眼。为涵站在窗前，只在冰心转身的一刻，恻然地看了姐姐一眼，便立刻回过头去。这一切都落在了冰心的眼底，可是她没有再去看他。从昨天起，他几乎就没怎么和姐姐说话。今天是他的生日，姐姐的行期偏偏定在了这一天，姐姐连一碗他的寿面都来不及吃，这叫他怎么能不难过呢？

冰心在送行的人群中寻觅着，在这些熟悉和不熟悉的人中唯独看不到母亲那张最亲切的面孔。她十分焦急，不知是自己没看见，还是自己根本不敢看，或者母亲也一样。最后冰心放弃了这种努力，她知道，这会儿，母亲一定站在什么地方看着她呢。想到这儿，冰心也和送行的人一样声音哽咽，眼圈发红。

大家把冰心送到了火车站。一直高高兴兴的为楫这时好像才意识到姐姐是真的要走了,刚知道难过的他不停地拉二哥的衣袖,说:"哥哥,我们回去吧。"他眼中泪光闪闪,远远地站着,不往前来。冰心叫着他的名字,过去捧住他的脸,可是又无力地放下手来,小哥俩便走了。姐弟三人自始至终没有说一句话。

冰心坐在火车上,忽然想起世瑛说好到车站来送她,可直到车开,也没见着她的影子。她一个人坐在那里,觉得没事做,便拿起手边的《国语文学史》来看。她刚翻开,忽然看见书页上的空白处写着几个大字:"别忘了小小。"这是性格敏感、略神经质的小弟弟的笔迹。她的心猛然一酸,连忙把书扔在一边。一路上,冰心只能寄情于窗外的景物,一直到山东的泰安府,冰心才走下火车散散步。山东是冰心灵魂上的故乡,她听到纯正的山东话就像听到乡音一样,有一种无名的喜悦。到蚌埠时,上来一对母女坐在冰心对面。她们带着几个提篮,其中一个里面全是小鸡。因为车里很热,小鸡纷纷伸出头来喘气,那个女孩就不停地一个个地按下去,手忙脚乱,好似弹琴一般。她大概二十岁左右,穿一套麻纱的衣服,一脸的麻子,却扑满了粉,头上手上戴满了各式各样的首饰,说话时矫揉造作,冰心有点儿看不惯她那样子,便脸冲窗外,没有和她打招呼。那个母亲穿一套青色香云纱的衣服,五十岁上下,脸上看着很和蔼,不管那个女孩儿怎样撒娇撒痴地一会儿要这个、一会儿要那个,她说话的态度始终都充满了爱怜。冰心看着眼前这一幕,想起了自己的母亲,心里很难过。她马上走出去,站在甬道的窗前默默地流泪。火车离江南越来越近,望着满眼熟悉的翠绿的田畴,冰心的心情渐渐好了起来。

随着车轮的转动,冰心突然觉得轻松了。分别也不过如此吧,糊里糊涂,匆匆忙忙,既不缠绵,也不悲壮,真是白担了这么长日子的心似的。这么想着,冰心不由得露出了一个极浅的微笑。真说不清这远行前的几个月是梦,还是现在是梦,也许以后的岁月才真正是入了梦境吧!她有亲人浓浓的爱,有故土深深的情,即使是独在异乡为异客,也不会孤独。何况她还有这么多的小读者呢!她要把她心中的爱与情用文字表达出来,回报亲人和读者对她的关心和希望。

她抓紧车上的时间,继续写她的《寄小读者》系列通讯。冰心毕业后出国前的一段时间,处在极其复杂的情感漩涡中,毕业和深造的快乐、对未来的希冀、离别的忧伤,都无处宣泄和诉说,而弟弟等小朋友又提出,希望她以后多给他们写信。于是,冰心就利用这一段时间,抱病写了一系列《寄小读者》通讯,发表在《晨报副镌》的《儿童世界》栏中。

8月9日,冰心到达上海。8月17日,她登上"约克逊"号邮船赴美。最出乎意料的是,王世瑛竟然追到上海

来送她。她心里十分感激,可又过意不去:

"我要是你,送一次没送着也就算了,何必一定要赶上一场伤心的离别呢?"冰心觉得如果真没送成,也未尝不是件好事,那样倒省得忍受直面离别的煎熬。

"就因为我不是你,我有我的想法!"世瑛流着泪说。

世瑛的好友庐隐知道此事后,被世瑛"千里送友"的诚挚深深地打动,为此写了一首诗:

> ……
> 辛苦织成的绒衣,
> 竟赶不上做别离的赠品。
> 秋风阵阵价紧,
> 不嫌衣裳太薄吗?
> ……

世瑛和冰心约定,她送冰心上船后就走,不要等船开。可是船开出好远了,冰心看见世瑛还一个人呆立在码头上。

8月19日夜,船到神户。次日一早,冰心随中国留学生上岸观光。大家全都首选直奔邮局,邮局里几乎被他们挤满了。晚上回船继续航行。侍者告诉大家:"风浪要来了,这一段水程照例是不平稳的。"大家都有些紧张,只有冰心十分兴奋,她一直期待的事情终于要发生了。开始时,大家还都硬撑着,尽量做出镇定自若的样子,但没撑多久便全都缩回自己的船舱躺着去了。冰心觉得他们并不是真的晕船晕海,而是晕在精神上。他们太把注意力集中在风浪上了,便成了"船不晕人人自晕"。冰心从心里热爱大海,崇敬风浪,而且她的血管中还流着水手的血。她想起临行前父亲曾笑着对她说:"这次横渡太平洋,你如果晕船,就不配做我的女儿!"她还记起母亲讲自己小时候就不怕晕船,在从上海到烟台的船上,众人都晕得趴下了,只有三四岁的小冰心却毫不理会,一摇一晃地自己走上舱面去看海。在她凝神注视着海的时候,随着船的颠簸,她不时身子一转,跌坐在甲板上,而她还觉得很新鲜、很有趣,每坐下一次,都嬉笑不止,笑完再起来,希望再跌倒,乐此不疲。这种以苦为乐的精神依然留存在已长大了的冰心身上。她走到船的最高层,走到栏杆旁边,放倒一个救生圈,抱膝坐在上面……她在给父亲的信中写道:我已受了一回风浪的试探。为着要报告父亲,我在海风中,在最高层上,坐到中夜。海已证明了我确是父亲的女儿。

21日,船靠横滨。冰心一行中国留学生都上了岸,到横滨和东京游玩。下船前冰心准备了好几张纸条,写上"不论是哪个渔人捡着,都祝你幸运。我以东方人的至诚,祈神祝福你东方水上的渔人!"等词句,分装进放快镜胶片的锡筒里，封了口投进海里。23日，冰心因为发烧留在船上给她的小读者写信。可是信没来得及寄出，船又起航了。这样一耽误又是十天。冰心心想，等小朋友们接到信时，早已物是人非，没有什么意义了。她黯然地将信投入海中，让它向她心爱的大海诉说吧，再让波涛相连的大海把她的心声传给海那边的故乡和母亲，还有小朋友们。晚上，冰心真的梦见了母亲。她摸着冰心的前额，说："热得很，吃几口药吧。"说着，端起黄色的药水叫冰心喝。冰心一口气喝完了，觉得是橘汁的味儿。第二天醒来，冰心果然神奇地退了烧。

漫长的海上旅行本应是十分枯燥乏味的，这次却不同。船上的中国留学生把头等舱都住满了，其中仅清华留美预备学校的学生就有一百多名。因此冰心感觉横渡太平洋的两个星期与在国内上大学时差不多。不同的就是少了课堂生活，多认识了一些朋友。

冰心在贝满中斋时的同学吴缕梅，比冰心早些时候去了美国。她听说弟弟和冰心同船出国，就写信告诉冰心，让她在船上找到她弟弟清华学生吴卓，也好有个伴，相互照应一下。冰心上船的第二天，就请她的同学许地山去找吴卓。不一会儿，许地山便把一个瘦瘦的、比冰心高出一头的青年带到冰心的面前。他有一张标准的长方形脸庞，一眼看去最明显的是粗黑的双眉和一副遮住眼睛的粗黑边玳瑁眼镜，浓密的头发从中间分开，一张四四方方的嘴轻轻地抿着，透着一股英气和倔劲。他大大方方地和冰心寒暄，可是一通名报姓，才发现粗心的许地山找错了人。眼前的这个青年虽也姓吴，却不是吴卓，而叫吴文藻，是从清华留美预备学校选送出来的，同船到美国深造。虽然不是冰心要找的人，但他们都是北京来的留学生，也很容易找到话题。这时冰心和几个燕大同学正在玩扔沙袋的游戏，就让他也参加。玩了一会儿，两人很自然地一起走到旁边，倚在船栏上看海闲谈。

"你到美国想学什么呢？"冰心问还没有摆脱拘谨的吴文藻。

"我想学社会学。你呢？"

"自然是学文学了。要是能选修一些英国19世纪诗人的功课最好了。"

"你喜欢拜伦和雪莱吗？"

"是啊，怎么，你也感兴趣？"

"当然。不过也许我们感兴趣的方面有所不同。"吴文藻来了兴致，全没了刚才的拘谨，"有几本英美评论家评论他们诗作的书写得很好，不知你是不是看过？"

"没有。我只对诗感兴趣，不耐烦看那些评论。再说功课也忙，还要写作，哪里有时间呢？"

吴文藻听了，微微一笑，说："看评论与喜欢诗并不矛盾，对你理解诗和自己写诗都会有好处的。你说没时间，那可就是借口了。"他稍稍转换了语气，有点儿严肃

地说:"你如果不趁在国外的时间,多看一些课外的书,那么这次到美国就算是白来了!"

他的话深深地刺痛了冰心。她还从来没有听过这样的逆耳忠言。这次在船上,她和别人互相介绍时,别人一般都是客气地说"久仰,久仰,拜读过不少大作"之类的恭维话,还真没见过一个像他这样第一次见面就给冰心这种忠告的。冰心不免认真地看了他几眼,他仍一脸的真诚,根本没觉察到冰心的内心活动。冰心不由得在心里说:真是个书呆子,没一会儿那表面的英气下就透出掩饰不住的呆气了。对这种呆气,她却毫无反感,反而因此对他产生了几分敬意,觉得他是自己的第一个"诤友""畏友"。同时,她也觉得有些不安。冰心很早就决心晚婚。大学期间,也有许多男青年给她写信。他们大抵都是第一封信谈社会活动,第二封信谈哲学,第三封信就谈爱情了。这类信件,冰心一看信封就能看出来,所以总是原封未拆就交给了父母。他们也不像别家的父母那样大惊小怪,往往是一笑就搁在桌上。可是这回冰心有一种异样的感觉,好像心里不像以前那般平静了。

在这条船上像冰心这样喜爱文艺的人还真不少,梁实秋、顾一樵等人合办了一张墙报《海啸》,约许地山、瞿世英、冰心等人写稿。他们也会凑到一起开座谈会,冰心也参加。她最早认识梁实秋就是在这次旅行中。在一次编辑会后,梁实秋忽然对她说:"我在上海上船以前,同我的女朋友话别时，曾大哭了一场。"大概因为他们一群人都觉得冰心是最富同情心的人，所以梁实秋才能如此真诚坦白地向这个陌生女性表露内心隐秘的情感。冰心也觉得梁实秋是个性情中人。在她认识吴文藻后，再参加各种活动时，她开始模模糊糊地觉得，自己似乎很希望在这些场合中能见到那个高个子青年。因为没什么事的时候，吴文藻总是躲在自己的船舱里看书，这些活动中从来看不见吴文藻的身影。他对文艺似乎没有多大兴趣，和冰心谈话时也从不提她的作品，以至于冰心怀疑他是否看过自己写的东西。

船上二等舱、三等舱中还有自俄赴美的一百多名难民。他们虽然穷困潦倒，却依然钟情音乐。每天夜晚，冰心都要坐在最高层的头等舱的甲板上，静听他们如泣如诉的忧伤的琴声，与他们一起思念故乡和亲人。同船的同学也都对他们很同情，两次开游艺会时，都想请他们上来同乐，但均被船主拒绝了。于是他们又自发地聚敛了一些食物果品，赠给那些难民的孩子。一些女同学还抱了几个孩子到头等舱里来玩，其中一个孩子的父亲悄悄地跟了上来，冰心他们只顾领孩子玩儿，也没注意。突然听头等舱的女看护厉声说道："是谁让你到头等舱里来的？走，走，快下去！"在她冷酷的目光下，那可怜的老人勉强含笑，仓皇地从冰心手中接过孩子，以屈辱抱歉的目光看看女看护，便抱着孩子疲缓地从扶梯下去了。冰心觉得那个女看护太不近人情,脸上露出了不悦的神色。那个女看护立刻换上另一副面孔,谦和地以一种服罪的态度看着她并且笑了笑。在热闹的晚餐桌上,冰心自始至终都没有说一句话。

一晃两星期的海上航行结束了。冰心他们乘坐的这艘邮船上的侍者,都是广东人,船抵西雅图之前的一两天,他们以全体侍者的名义,写了一篇勉励中国学生为国家争气的文字,贴在甲板上,中国学生也回了一封十分诚恳真挚的信。中国学生之间则忙着留地址,互相嘱咐:"一定来信啊!"

9月1日,船终于到达大洋彼岸的西雅图。冰心他们坐上专为中国学生预备的火车,7日一早便到了美国偏东部的城市芝加哥。冰心沿途游览了这个城市,晚上住在女干事宿舍。第二天清晨她又登上火车,这时满满的车厢里只剩了三个中国女学生。9日中午,另两个女孩子也一块儿下了车。等列车到了大西洋西海岸的波士顿,车上就只有冰心一个中国女孩了。

在波士顿车站,冰心燕大的老师鲍贵斯女士的父母鲍老先生夫妇来接她,并让她在威尔斯利女子大学开学前的一段时间住在他们家里。他们带冰心参观了几所著名的大学,还去了麻省的多湖和大西洋海岸。那些同船到哈佛大学和麻省理工学院读书的清华学生,还到鲍贵斯家来看过冰心。他们告诉冰心,为了记她的电话号码,他们不得不口中念念有词，不知道的还以为在祈祷呢！开学后，冰心住进了学校，但逢年过节和寒暑假，夫妇俩都要来接她回"家"。在美国期间，这里真成了冰心的家。

9月17日，威尔斯利女子大学开学。这所学校只收女生，当时约有两三千名学生。本科生都住在校园里，研究生可以住在校外，比较自由。但学校觉得冰心初来乍到，人生地不熟，就特别允许她住在校内的宿舍里。当时威尔斯利女子大学已有几名中国学生，都是本科的，有理工系的桂质良、历史系的王国秀、体育系的谢文秋、教育系的陆慎仪，还有黎元洪的女儿及其女伴周女士，不过她来了不久就走了。1925年夏，冰心在康奈尔大学暑期学校学习时，得知威尔斯利女子大学又来了一个叫沈骊英的同学，也是从燕大来的。冰心开学回校后，立刻找到她，并做饭请她吃。她们从此结下了十几年的友谊。

冰心住的宿舍叫闭璧楼，是一位名叫闭璧·约翰的船主捐款建筑的。楼里到处是与海有关的装饰物，使热爱海的冰心感到很惬意。校园内有一个湖，冰心按谐音给它取了个很好听的名字"慰冰湖"。的确，在以后的几年美国留学生活中，这个校中之湖成了冰心思乡思亲之情的慰藉，成了她创作灵感的来源，成了她校园生活中不可缺少的一部分。

刚到威尔斯利女子大学，冰心有诸多不适应，其中最主要的是想家，但是新鲜的异国校园生活还是给她带来了很多欢乐。

刚入学时,她与同学们都不熟,可每天都能收到许多同船而来的男女朋友的信。冰心一般都用威尔斯利女子大学的风景明信片写上几句应酬的话寄去,唯独对吴文藻事有偏心,破例回了一封真正的信。冰心最盼的还是家中来的信,对这一点,她的同学都知道。所以有时候冰心到慰冰湖划船散步,她们要想叫她回来,只需跑去大喊一声:"中国有信来了,快回来看吧!"这办法每次都灵。

冰心渐渐先和中国同学熟悉起来。她们常在周末聚到一起,一面谈话,一面洗衣缝补,或在专门的有电炉的餐室里做中国饭菜。每逢中国年节,她们更要饱餐一顿。有时候,她们则到波士顿的中国留学生会去,与男女同学一起过节。平时,她们也和波士顿的中国留学生常来常往。他们大多是清华去的男同学,也有个别燕大的。冰心和他们一起组织了一个学术团体性质的"湖社"。这些不同专业的同学们每月一次在威尔斯利女子大学的慰冰湖上泛舟野餐,并由一位同学主讲他的专业,其他人可以提问,大家一起讨论。像哈佛大学的陈岱孙、梁实秋、瞿世英,麻省理工学院的曾昭抡、徐宗涑等人都常来参加这样的活动。有时外地来波士顿的学生也来参加,吴文藻还赶上过一次呢。他们还一起演过戏。那是在1925年春,波士顿的男同学要为美国同学演一出中国戏,他们选定了《西厢记》,并且非要到威尔斯利女子大学请女角不可。但是冰心她们谁也不愿演崔莺莺，就提议演《琵琶记》，由梁实秋演蔡中郎，顾一樵演宰相，谢文秋演赵五娘，波士顿音乐学院邱女士演宰相的女儿。冰心本来只管服装，不料邱女士突然得了猩红热，冰心只好硬着头皮救场。正是这次演戏使冰心认识了闻一多。他正好从纽约到波士顿过春假，因为是学美术的，大家便请他为演员化妆，正好和管服装的冰心搭档。这次演出在中国留学生中影响很大，一谈起来大家都兴致勃勃的。许地山因为人在英国没赶上，在给顾一樵的信中大表遗憾："实秋真有福，先在舞台上做了娇婿。"后来在中国留学生年会上，冰心还和徐宗涑排演了当时在美国的熊佛西写的一个短剧。

威尔斯利女子大学以风景优美著称，所以在波士顿的大学读书的中国男同学往往十几个人一拨来参观，并请冰心们当向导。1925年以后，王国秀等人都毕业走了，这导游的重任差不多全都落在了冰心的肩上。在威尔斯利女子大学的老师和同学看来，那支队伍也是很"壮观"的。有一年的圣诞前夜联欢会在女生宿舍开，冰心接过舍监U夫人送给她的礼物——一个小本子时，竟看到上面写着："送上这个本子，作为你记录来访的一连队一连队的男朋友之用！"冰心哭笑不得，女同学们则纵声大笑不止。外国女老师或外国女同学之间经常开玩笑，她们对冰心都不错，但这种玩笑还是很少开的。

威尔斯利女子大学虽然是女校，但每天下午放学后都有许多外校的男同学来找他们的女友。他们一对对地走出去时，在宿舍的外国女同学都伸出头去，开心地同声大喊："不！"这时那个男同学多半不好意思地低头同女朋友快步走开。但碰着胆子大、脸皮厚的却会回头笑着大喊："好！"倒把那些伸出来的头吓得全吐吐舌头缩了回去。可是她们从没有跟冰心开过这种玩笑。因为拜访冰心的男同学虽然很多，但往往像 U 夫人说的那样是"一连队一连队"地来，要不就是一天换一个人。冰心毕业那年，她们才知道吴文藻和冰心的关系有些不一般，但他来的时候也不多，而且两人在一起时又都很严肃，从没见他们挎着胳膊或拉着手。女同学们都觉得那种玩笑对冰心这样的中国人来说实在是太"野"了，简直开不得，她们顶多和冰心开些小玩笑。比如一天下课，冰心回到宿舍，发现屋子完全变了样，什么东西都在，可什么东西都不在原来的位置上：墙上的字画歪了，相框倒挂着，台灯放到了书架上，花瓶藏到了床底下。冰心知道肯定是外国女同学"淘"到她这儿来了。她开了门，站在过道上，忍住笑高声嚷："哪个淘气鬼把我的房间弄得乱七八糟的，快出来招供！"这时好几间宿舍的门一起打开，伸出好几个头来捂嘴大笑。原来冰心的宿舍里几乎每一样东西都有固定位置，别人要是不经意挪了地方，她会不厌其烦地悄没声地再放回去。同学们发现她这个习惯后觉得很有趣，就想出了这么个恶作剧。

冰心的外国同学中与她关系较好的有一个日本女同学,她的名字叫濑尾澄江,和病愈回校的冰心一起住在这座楼里。她们常一起做中餐吃,一般是冰心做饭,她洗碗。她们还常在月圆之时和美好的夜晚,一起到"慰冰湖"边漫步。她们用文人的语言谈着东方人的话题,交谈的范围很广,从日常生活到国家大事,到民族关系,谈得很投机,但也常感到很无奈。有时她们同时沉默着,以东方式的情感欣赏着西方式的风景,共同享受着只有东方人才有的情致。在美好的夜色中,冰心记住了这个日本女孩子温柔地抚着她的手臂时说的话:"最高兴的时光,就是和最知心的朋友,一同在最美的环境中,却是彼此静默着没有一句话。"在冰心住进疗养院后,她还给冰心写了一张情真意切的便笺安慰她:"生命是无定的,人有时虽觉得很近,实际上却是很远,你和我隔绝了,但我觉得你是常常近着我!"冰心回国以后,她们还保持书信往来,直到两人都成了白发苍苍的老祖母,还在互寄贺年卡。几十年里,她们虽然隔山隔水,却不隔心,不隔情。

冰心的老师们也很关心这个远离父母、家乡,独身求学的中国女孩儿,她们不仅在学习上指导她,而且在生活上处处照顾她。

冰心虽然有威尔斯利女子大学的奖学金,但只供学费、住宿费和膳费,不包括零用钱。考上清华官费生、每月可领八十美金的同学王国秀告诉她,不是清华的官费生，也可申请清华的半官费，每月四十美金，但要有教授们批的成绩优秀的评语，冰心就按她说的填了申请表。她刚上九周课就病倒了，连期末考试也没有参加，同情她的教授们却在她的申请表上写上了优秀的评语，冰心觉得自己糊里糊涂就领到了这笔零用钱。

威尔斯利女子大学的 K 教授对冰心特别好。她住在燕大女校时，冰心曾陪她逛过西山，谈得很投机。所以冰心一入校，她就以监护人自居，对冰心照顾得无微不至。冰心住进沙穰疗养院后曾为医疗费发愁，可奇怪的是疗养院从来没向她要过。后来才知道是 K 教授定期从威尔斯利女子大学取出她的奖学金支付了医疗费。冰心病愈出院回到鲍家后，K 教授还特意把她接出去避暑，带她到各地去玩。

在按部就班的课业学习之外，冰心还有大量空闲时间，她几乎都用在了读课外书和写作上。冰心曾说过，病中、静中、雨中是她最易动笔的时候。病中心绪惆怅，静中心绪清新，雨中心绪沉潜，随便拿起笔来，都能写出好些话。冰心在美国的留学生活并不太顺利，这似乎给她的文学创作提供了更多的材料和机会。有句话说"国家不幸诗人幸"，用到冰心身上便成了"身上不幸笔下幸"。

冰心刚入学两个月，肺枝节胀大的老毛病又犯了。过去每次发病，她虽然也是恨不得一次吐半碗血，但只要卧床休息休息，不用吃药就能好了。这次她却昏迷不醒，被送到了校内的圣卜生疗养院,一个月后仍没什么起色,就在 12 月 15 日这天转到了沙穰疗养院,一住就是半年多,直到来年的 7 月 5 日才病愈出院。

美国是一个全新的环境,虽然校园生活比较单纯、封闭,但仍有太多的新鲜感刺激着冰心的创作欲望,而切切思乡思亲之情更是不抒不快,再加上在病中人会变得更为多愁善感,同时又没有了功课压力,除了治疗、吃饭、睡觉,其他时间几乎都是空闲着,这使她有了充足的写作时间,写起来也如行云流水一般。这是她一生中分外特殊的一段时光,她觉得"沙穰最可纪念处也在此"。沙穰时期还留给冰心一件终生的纪念品。冰心把龚自珍诗集中的两句诗"世事沧桑心事定,胸中海岳梦中飞"寄给表哥刘放园,请他写成一副对联寄来。但刘放园自己没有写,而是请梁启超先生代的笔。从此,这副对联一直挂在冰心的床头,跟随她从美国到北京,从北京到重庆再到日本,最后又回到了北京,直至冰心去世仍挂在她的小客厅里。

在美国的前两年成为冰心文学创作上的又一个高峰期。最后一年她的精力则主要用于毕业论文和汉诗英译上。作品有通讯集《寄小读者》,小说《悟》《剧后》《六一姐》《别后》《姑姑》等,诗歌《惆怅》《纸船》《乡愁》《远道》《倦旅》《赞美所见》《赴敌》和《相思》等,还有散文《往事(二)》和《山中杂记》等。

在美期间,冰心共写了《寄小读者》通讯近三十篇。

她非常喜欢通讯这种体裁，觉得写作时有个对象，情感比较容易落实，这与她当时身处的特定环境有关。独在异国他乡，谁不想有个人能听自己倾诉内心的感情和感受呢？而且通讯写起来也最自由，一篇通讯里，可以说许多零碎有趣的事。开始时冰心本想以小孩子的口气来写，不想越写越觉得不像。但是国内的小读者们不管这些，他们非常喜欢"冰心姐姐"给他们写的这些文字，通过这些通讯，他们了解了冰心在异域的生活、在病中的感受，回应着她那缱绻刻骨的思乡之情：思念海棠叶形的故国，思念太阳般的父亲，思念月亮般的母亲，思念三颗小星星似的弟弟，思念无法相见的朋友，思念爱她期待她的小读者们。冰心本人也因为同样的原因，对这些记录着真情实感的文字非常珍惜。

冰心的小说、诗歌和散文在内容和写法上依然保持了她原有的主题和风格，但显得更深入、更成熟。虽然冰心当时正处在恋爱季节，而且也真真切切地恋着一个青年，却没有多少爱情题材的作品，这多少让人感到遗憾。不少人对此都不太理解，冰心一直不遗余力地歌颂着人间最美丽、最宝贵的感情——爱，父母之爱、手足之爱、人类之爱、自然之爱，甚至神灵之爱都成了她创作的源泉和歌颂的对象，可是独少男女之爱。以冰心的多愁善感，她的爱情世界肯定是非常丰富而美妙的，若以她那细腻柔美的笔触写来，一定能创作出隽永感人的爱情篇章。对于这一点,冰心自己没有任何解释,倒是写过不少表现两性苦闷作品的郁达夫按自己的理解进行了解释:"她的写异性爱的文字不多,写自己的两性间的苦闷的地方独少的原因,一半原是因为中国传统的思想在那里束缚她,但一半也是因为她的思想纯洁,把她的爱宇宙化了秘密化了的缘故。"这种解释也许比较令人信服。

不过这期间冰心还真写过一首名为《相思》的诗。诗写得极为含蓄,如果不知道写这首诗的背景,根本猜不出"思者阿谁":

> 躲开相思,
> 披上裘儿,
> 走出灯明人静的屋子。
> 小径里明月相窥,
> 枯枝——
> 在雪地上
> 又纵横的写遍了相思。

这是在1925年的12月12日写的诗,冰心收到吴文藻一封充满思念之情的信,觉得在孤寂的屋子里实在念不下去书,就披上大衣,想到图书馆等人多的地方去。可是刚一出门,就在楼外的雪地上看见了许多纵横交错的枯枝,她觉得它们相搭着,很像大大小小的汉字"相思"。

结果，到了图书馆，冰心也没心思看书，却来了灵感，写成一首短诗。冰心把这首诗只给导师看了，其他人包括吴文藻都没有看见过。

冰心在威尔斯利女子大学研究院的硕士毕业论文题目是《李清照词英译》，导师是研究院的教授 L 夫人。冰心每周五下午到 L 夫人家中吃茶。每次冰心都先将《漱玉词》里的一首译成英文散文，L 夫人帮她推敲，最后译成诗句。

留美的三年是冰心人生的又一个收获季节，她不仅收获了学业，收获了文学创作的高峰期，还收获了爱情。

冰心和吴文藻虽同在美国，但身处两地，而且他们的关系还处在朦朦胧胧的阶段，见面的机会极少。包括冰心因病休学住到沙穰疗养院后，许多中外同学都去看她，可她特别思念的人却在遥远的另一个城市。当时吴文藻在新英格兰东北的新罕布什尔州达特默思学院社会学系读三年级，离波士顿很远，坐火车要七八个小时，因此他只来过一次。可是吴文藻还是尽量创造机会来见她。演《琵琶记》那次，冰心给吴文藻写了一封信，还把一张入场券夹在信中寄去。吴文藻回信说功课太忙可能来不了。可是演完那出剧的第二天，冰心在一群来看她的男同学中，一眼先认出了说好"不来"的吴文藻。

他们往来最频繁的还是书信。吴文藻是一个酷爱读书和买书的人，每逢他买到一本有关文学的书，自己看过后就寄给冰心看。冰心一收到书就赶紧看，看完立刻写信告诉他自己的体会和心得，她那认真劲儿就像看老师指定的参考书一样。老师们在与冰心谈话时，发现她课外阅读的范围很广，都惊奇地问她是谁帮她的。冰心告诉她们是一位中国朋友。老师很赞赏地说："你的这位朋友是个很好的学者！"冰心听了心里很得意，也很甜蜜，但她没有告诉吴文藻。

有缘人总能千里来相会。1925年，冰心在康奈尔大学暑期学校补习第二外语法文时，竟碰到了吴文藻，他也是来读法文的。因为放假，学校里差不多只有他们两个中国学生。每天课后，他们都在一起游山玩水，欣赏美丽的景色。每晚从图书馆出来，他们还要坐在石阶上闲谈一会儿。冰心与吴文藻鱼来雁去已有两年，彼此都有了较深的了解，更兼四下里夜凉如水、头上不是明月就是繁星，怎不让人情丝牵动呢？终于有一天，在湖上划船时，浴在月亮的清辉下，漂在静谧的湖面上，吹着湿润的夜风，他们忽然觉得这个世界上似乎只有他们两个人了。应着湖水微弱的涟漪声，吴文藻轻声吐露了自己的心事，回答他的却是沉默。他们就这么无声相对，让收了桨的小船无目的地自由漂流。不知过了多久，只听冰心叹了一口气说：

"我是说死就死的人，你何必要找一个不能'白头偕老'的伴侣呢？"

"无论如何，我认命了。"文藻的话说得很坚决，声音却显得异常柔和。

第二天相见时，二人又续起了前一天的话题。这次经过一夜思索的冰心显得很干脆："我自己没有意见，但最后得由我父母决定。"听她一说，吴文藻又放心又担心。冰心看到他那矛盾的表情，有些想笑。其实她心里完全相信，只要她自己愿意，她父母肯定不会有意见的。

1925年秋，吴文藻进入纽约哥伦比亚大学，离波士顿近多了，他们的通信和往来也日渐频繁。吴文藻特意定做了一大盒很讲究的信纸送给冰心，上面印有冰心姓名缩写的英文字母。他送给冰心的礼物不少，可从来不是香花糖果之类，而是各种"善本"书籍，主要是文学、哲学、艺术等方面的杰出作品，要不就是像信纸这种特别有新意的文具用品。吴文藻这时写信都写疯了，几乎每天一封。星期日邮局不送平信，他就用快递。冰心的同学和舍监全都知道了她有一位特别要好的男朋友，一般人谁会天天寄信呢？而且肯定是正在"热恋"状态。但因为冰心总是一副谨慎的样子，她们也只好背地里瞎猜，并不敢当面问她或和她打趣。

这年冬天，王国秀毕业后也升入了哥伦比亚大学，她写信邀冰心去纽约度假。冰心到纽约时，吴文藻和王国秀一起来接她。吴文藻将自己的同学、朋友介绍给她，其中就有梁思成和林徽因。冰心与林徽因一见如故，觉得她是自己见过的女作家中最俏美灵秀的一个。他们玩得很尽兴，还一起去看了好几场莎士比亚的戏剧。

1926年夏，冰心从威尔斯利女子大学毕业，获文学硕士学位，同时得到母校燕京大学的任职邀请，她准备回国应聘。临行前，同学们也来和她道别，但这时她的心情却与出国前的道别完全不同。唯一让她非常牵挂的只有文藻。吴文藻还有两年才能毕业，同船而来，却不能同船而回，这令冰心和吴文藻心中生出无限惆怅。吴文藻一直记着自己向冰心求婚时冰心说的话，他写了一封长达六页的信，还附了一张相片，让冰心带回国交给她的父母，正式请求他们允准自己和冰心的婚事。冰心这时才觉得不好意思，把信郑重地放在箱子里。

7月，她再次登上曾带她离开祖国的"约克逊"号邮船，踏上了回家的航程。一路上，冰心归心似箭。可是船并不理解她的心情，依然是来时的速度。她恨不能像小时候骑马一样，腿用力一夹，马就飞奔起来；恨不能像鸟儿一样长出翅膀，飞到船的前头。7月26日，侍者说第二天早上就能看见祖国的海岸线了。就要到家了！冰心的心立刻生出翅膀，整个船舱都不够它飞翔。她一个人跑到甲板上，望着无尽的大海。海浪如吼，水影深黑。冰心只觉得在明月和她自己之间，水上铺了一条闪烁着无数碎光的道路。她看着船旁烨然飞溅的浪花，觉得自己三年的远游之梦已破碎成了这星星点点的浪花。这些浪花闪烁一下，便又落入大海里。冰心忽然觉得这景象酷似自己和母亲的

关系,她对着大海,对着海那边正在思念着她、等待着她回家的母亲,对海风轻声诉说:

> 母亲,你是大海,我只是刹那间溅跃的浪花。虽暂时在最低的空间上,幻出种种的闪光,而在最短的时间中,即又飞进母亲的怀里。母亲!我美游之梦,已在欠伸将觉之中。祖国的海波,一声声的洗淡了我心中个个的梦中人影。母亲!梦中人只是梦中人,除了你,谁是我永久灵魂之归宿?

7月27日,"约克逊"号徐徐驶进上海吴淞口时,冰心再也抑制不住激动的心情,一把抱住船栏边的柱子。迎着江上的和风,她心中只有母亲的慈颜。她在心里大声呼唤:"三年之别,我并不曾改,我仍是三年前母亲的娇儿,仍是二十多年前母亲怀抱中的娇儿!"

冰心原打算在上海休息几天,可没两天就觉得实在待不住了。她对别人说这是因为上海天气太热,是因为看不惯上海摩登女子千人一面、没有个性的打扮,是因为害怕亲戚们灌酒……其实这都是借口,真正的原因是思母心切。"我爱母亲!我怕热,我不会吃酒,还是回家好!"

8月3日,冰心登上了火车,一路上心中只有两个字——回家!

第十二章
走出象牙塔

> 一步一步的扶走——
> 半隐的青紫的山峰
> 怎的这般高远呢?
>
> ——冰心《春水·七》

祖国张开双臂迎接回巢的雨燕,更加破败的北京一夜间焕出容光,燕大在崭新的空间里为冰心铺下一条红地毯,华发慈颜的母亲微笑着在家中等待——月是故乡明——一颗在西风中漂泊了三年的心,终于回到了温暖的家!

冰心回国后,在上海停留时住在表兄刘放园家里,那里的亲戚朋友五日一大宴、三日一小宴,仅和正住在上海的张君劢、王世瑛夫妇就盘桓了好几天。回到北京,家人不知如何表达欣喜的心情,更是顿顿"接风酒",日日"洗尘宴"。冰心已吃惯了面包黄油的肠胃实在受不了这种油腻,久病不愈。家里人忙延医抓药,可中西医都看过了,还是没见效。燕京大学就要开学,照这样下去可怎么得了?冰心心里急得像热锅上的蚂蚁,心想现在只要能治好病，什么偏方都愿意试试，终于在房东齐老太太的帮助下，用"土法"治好了肠胃。

9月份，燕京大学开学。这时，燕大已不是冰心上学时的男女分校，校址也不在城里，而是迁到了西郊的海淀。据说新校址是从陈树藩手里买来的，从前是曾遭英法联军洗劫的圆明园的一部分。

虽然走文学创作道路不是冰心的最初理想，如今成为一名大学老师也不是她的初衷，可是现在她喜爱文学创作，也对为人师表的高尚职业充满了信心。

冰心一进燕园，就爱上了这个美丽的地方。她当时也许没想到，这一脚踏进来就是十年。整个校园就是一座风景优美的园林。中国传统建筑式样的学校大门坐东朝西，门楣上挂着蔡元培先生写的"燕京大学"的蓝底金字匾额。进得门来，迎面小桥流水，绿树参天。校舍也都是中国式建筑，亭台楼阁，翠瓦红门，美轮美奂。最让冰心一见倾心的是校园中有一个湖——未名湖。不过，冰心刚去时，湖里还没有水。她记得有一次从朗润园回她住的燕南园五十三号，懒得绕道，就是从湖底直着穿过去的。不久后，湖里就注满了水，这一片盈盈的波光，一下子使燕园的景色灵动起来。当时湖中小岛上没有亭子，依岛停泊的石舫便搁浅在干涸的湖底上，沉重的底座看得十分清楚。据说这个未完工的石舫是清乾隆时期和珅仿皇家园林建造的。

燕大的男女学生宿舍离得很远。女生宿舍在校园的中南部，与中部的未名湖还隔着一片低缓的小山坡，是两个一组、两两对称的四个小院，称为一院、二院、三院、四院，后来才扩建成现在北大新图书馆旁边六个院的模式。四个小院中间是一个有四百米跑道那么大的花园。每个院中都是两幢二层的小楼，由一长溜平房相连，呈"匚"形排列。每个"院"中都有为女教师准备的两室一厅的单元，教师还可以在女生餐厅的"小灶"吃饭。单身女教师如冰心较熟悉的生物系的江先群、教育系的陈克明等几乎都住在里面。冰心虽然在北京城里有个家，但因为家里人口多了，冰心的大弟谢为涵正准备结婚，父亲升职后宾客也多了，她用《春水》的一百元稿费帮着把家从住了十几年的中剪子巷搬到了前圆恩寺的一所大房子里。家离燕园太远了，所以平时她都住在燕园。她来得太晚了，女生宿舍已经没有地方，只好住进燕南园五十三号英、美籍女教师居住的小楼。这个楼里吃的当然是西餐，冰心就在这里吃早饭，中晚两餐则到国文系女生住的二院去吃。但是五十三号也有女生宿舍没有的便利条件，这里男宾来访可以直接到会客室。当时冰心的二弟刚考上燕大，三弟在燕大的预科学习，都住在校内，可以随时来五十三号找她。而门上贴着"男宾止步"的女生宿舍，男宾来了，只能在院门口谈话。

男生宿舍在未名湖北岸，是三层的大楼，全是坐西朝东、沿着湖边盖的。冰心的两个弟弟都住在这里。他们十分喜欢这湖边的宿舍，因为这儿面湖，风景宜人，而且夏天冬天一出门就可以游泳或溜冰，很方便。

这一年住进新校舍的无论是不是新教师、新学生，都觉得自己是"新的"，大家都感到兴高采烈、朝气蓬勃。学校生活中的一切都显得新鲜、美好、愉快。特别是男女同校，更增添了和谐与活泼。因此学校里的活动和学生组织很多，如歌咏团、戏剧团、文学社等，真是燕大建校以来从未有过的热闹。冰心的二弟谢为杰就是学生中的活跃分子。有一次男生们演话剧《咖啡店的一夜》，因为那时还没兴男女同台演出，就由谢为杰扮演剧中的女服务员。舞台上，谢为杰穿着冰心的一套黑绸衣裙，头上扎了个带褶的白纱巾，系上白围裙，学着女子的步态，细着嗓子说话，演得惟妙惟肖。台下的同学都笑着说，为杰穿女装还真像姐姐冰心。那年冬天，男女同学在未名湖上化装溜冰，为杰也是这身装扮，手里托着纸做的杯盘，在冰上旋转起舞。

冰心也以饱满的热情在教学之余积极参加了学校很多有意义的活动，并得到了全校师生的尊敬和信赖。她被燕大同学会推举为执委会常务委员、燕大董事会中的校友代表。由《燕大季刊》改的《燕大月刊》编辑部要聘请一些社会名流、著名学者当顾问，于是大学时代做《燕大季刊》编辑的冰心被他们聘为诗歌顾问。《燕京学报》还破例把只是助教的冰心聘为自己刊物的编委。在其创刊号上,他们把冰心的《元代戏曲》放在王国维的文章之后,排在第二篇的突出位置。

年轻的冰心虽然已成为名噪一时的大作家,并得到了母校的厚爱,但她依然保持着谦虚的美德。那时她所在的国文系里,主任级教师大半是她的老师,其他科、系也有不少她的老师,总之,她觉得几乎全校的教师都是她的师辈,她对他们都十分敬畏。每次开教授会,本来就有些胆小的冰心总是挑个犄角旮旯的座位缩着,好像是个在课堂上生怕被老师看见要提问的小学生。大家看着她那"惶恐"的样子,都笑着称她是 Faculty Baby(教授会里的婴儿)。

冰心在燕京大学承担的课程主要有一年级必修的国文课,为二年级以上学生开的习作课,给高年级学生开的《欧洲戏剧史》等。1929 年下半年,冰心被提升为讲师,从这一年开始到 1933 年,冰心还在女子文理学院兼课,担任国文系讲师。1933 年至 1934 年,她又应清华之邀,兼任该校国文系讲师。

一年级的男女学生很多,年纪大多在十七到二十岁之间。学生分成了五个班,国文课是必修课,每班三四十人。当时教这门课的有系主任马鉴和沈尹默、顾随、郭绍虞等先生,用的是古文课本。他们都是江南人,口音很重,一些学生听不懂。于是教务处就把这一部分学生分到了冰心的班上。

第一天上课，冰心有些紧张。她一走上讲台，台下一张张红扑扑稚气未退的脸，都笑着好奇地望着她。冰心这年才二十六岁，比学生中岁数大的大不了几岁，又兼她长得娇小玲珑，童心外现，就显得更小了。所以她在学生们眼里是个小先生，也是个大姐姐。冰心看着这些笑容，心里立刻平静了下来。这些笑容对她来说并不陌生，与她弟弟妹妹们的笑容一模一样，都那么纯洁快乐。她面带微笑，打开点名簿。她没有采取惯常的老师点名、学生答到的方式，而是请学生自己报名，她则逐一纠正他们的口音。整个班里不时传出一阵阵的笑声，气氛热烈融洽，师生之间很快就熟悉亲热起来。冰心给他们出的第一道作文题目是写自传。因为这种题目一来人人都会写，都有内容可写，二来也可以让冰心以最短的时间、最快的速度了解每个学生的家庭背景、习惯、性情和爱好，以便因材施教，选择比较合适的教学方法。冰心看学生的作文也与别的老师不同。她从来只打分数，不写评语，而是在课下和每个同学进行一次半小时以内的单独谈话，让他们讲是怎么写的，她再告诉他们自己是怎么看的。经过这种当面的交流，师生的思想得到了进一步的沟通。这种教学方式虽然占用了冰心大量宝贵的个人时间，但取得了非常好的效果，受到学生们的普遍欢迎。

刚从海外归来的年轻的冰心，当时在燕大国文系的确算是一个教学风格与众不同的老师。特别是她的写作课的题目总是标新立异,常出些别人想不到或不敢出但又很适合这些青年学生的题目。有一次,她针对男女学生已对异性产生了强烈的好奇心并有一种朦胧感觉这一现象,出了个作文题《理想的美》。她让男同学写《我理想中的美女子》,让女同学写《我理想中的美男子》,以此来反对封建制度对青年思想上的束缚,支持男女之间的正常交往,建立正常的异性审美观,并颂扬坚贞而洁美的爱情。她还给学生们出过《初恋》的题目,并且说无论是亲身经历的还是虚构的都可以写。也许人们会奇怪,当时对自己的爱情生活讳莫如深的冰心,怎么会突然大胆到在课堂上公开要求学生们涉及这个领域呢?其实这种看似矛盾的做法,也正说明冰心的纯洁与善良。首先,她把爱情看得很神圣、很纯洁,同时又因为受了那么多年的传统教育,思想上保守的一面已经定型,她无力改变自己,但她觉得青年一代不应该像她这样,他们应该在爱情生活上有更高的起点,有更自觉更崇高的追求。

燕园是宽容的,对于冰心做的这些"出格"的事,国文系的老先生们从没有指摘过她,系里也没有任何干涉的意思。或许他们还没有把冰心当成一个成年人,觉得她顶多是一个"孩子头",小孩子嘛,"童言无忌"!

为了教闽、粤两地的学生学好国文,特别是要咬准每个字的发音,她常找些"绕口令"让他们练习。有一次冰心看到一首宋人咏鸟的词,其中好几句十分绕口,连自己冷不丁一念都觉得舌头拐不过弯来。于是第二天,她就把其中半阕更难念的写在黑板上让同学们练习:

  金埒远,玉塘稀,
  天空海阔几时归?
  相离只晓相思死,
  那识相思未死时!

  学生们念到"相思死""未死时"时,果然都"张口结舌",教室中一片"嘶嘶嘶"的声音,夹杂着时时爆发的欢笑声。

  没想到这件事传到了外班。有一天未婚夫也在美国的生物系助教江先群笑着悄悄地问冰心:"听说你在班里尽教学生念一些香艳的词曲,是不是你自己在思念海外的那个人了?"冰心知道她说的是吴文藻,因为她的未婚夫李汝祺和吴文藻相识,都是清华的,不过比文藻高两班。冰心虽然口中连连辩解,可是脸却腾地红了。

  冰心还为一年级学生开了一门选修课——习作,主要是让学生们练习各种文学形式的文字,如小说、诗、书信,有时也有翻译。上课过程中她很注意培养学生们的实际能力。她发现学生中汉语基础好的,译文也更通顺。她把她的发现告诉同学们,使那些看重英文学习却忽视国文基础的学生很受教育。冰心的期末考试更绝，既不是知识考卷，也不是作文题，而是让学生们每人交一本自己编辑的刊物，并且不限种类、内容，文学、美术、体育……什么都行，条件是内容与刊名必须一致，要有封面图案、本刊宗旨、文章、图片……同班同学之间可以互相组稿，也可以向外班同学索稿。同学们觉得还从来没有过这种考试形式，真是太新鲜、太有趣了！他们立刻行动起来，充分发挥各自的创造力，互相帮助，忙得不亦乐乎。到了期末，他们都兴高采烈地交上了渗透着自己心血的刊物。这些刊物一本本地排在冰心的讲台上，那漂亮的封面、清新的文字、活泼的版式，让冰心看得眼都花了。

冰心不仅在上课时很注重学生们的反应，注意提高课堂教学效果，还通过课余交往，增进了师生间的了解和感情。她认为老师要教好学生，就必须先对他们每个人都很了解。他们常常在未名湖上划船，在水中央的岛边石舫上开讨论会，或是个别谈话。冰心很看重这种个别谈话，它往往超出学业范围，比如他们常谈的有人生观问题、个人择业问题，还有婚姻问题，等等。这种谈话更易打破师生界限，使他们成为真正的、平等的朋友。因此，学生们都很喜欢这个大姐姐似的先生，纷纷把自己的心事包括恋爱情况告诉她，向她求教。冰心也当仁不让，经常"拔刀相助"，客串一下"红娘"，或出面宴请双方家长，尽力为相爱的男女撮合，使他们终结连理。连一些不是国文系的学生，如后来获得世界护士荣誉奖南丁格尔奖的王秀瑛、协和医学院的高才生陈梅伯等，也通过听她的课和课外的交往而钦佩她的为人，把她当成了一生的老师和朋友，一直与她保持着往来。

冰心正是这样，不仅以她的学问，更以她的真诚为人，赢得了几代人的尊敬。但她从不认为自己是什么"大家"，写过什么"大作"，或是什么特别优秀杰出的人才。而且她还常说自己是个"不学无术"的人："'不学'，就是没有学问，如果大家想从我这里得到什么，那是得不到的；'无术'，就是没有什么技术，如果大家希望听我讲完以后，就能知道怎样写作，而且写得很好，那也是会失望的。"冰心这话不仅仅是一种谦虚，也是在告诫读者，让他们不要迷信自己，不要希望在写作上投机取巧，走什么捷径，而要踏踏实实地认真学习，勤勤恳恳地努力实践。

冰心为高年级学生开了一门《欧洲戏剧史》。这门课程本没有什么特别的新意，却因为是冰心讲而吸引了不少学生。著名戏剧家焦菊隐当时正在燕京大学三年级读书，他就选修了这门课程。燕大国文系里的教师多半是老先生，他们都不太愿意太早上课，因此教务处常把青年教师的课排在早晨，冰心的《欧洲戏剧史》就排在了上午八点至十点。一天早晨上课，焦菊隐进门来脱下帽子，可里面还戴着一顶薄纱的压发帽忘了摘下来。有些同学发现了，都偷偷地捂着嘴笑，谁也不好意思提醒他。冰心也笑了，对他说:"焦菊隐同学,你还有一顶帽子没摘下来!"坐在前面的同学也回头看着他笑起来。他也笑着赶紧把压发帽撸下来,塞进袖子里。焦菊隐是个非常有灵气的学生,他不仅很有思想,在文艺上也有较成熟的见解,而且他只比冰心小三四岁,因此平时谈话时,他们之间一点儿也不像师生。

焦菊隐对戏剧情有独钟,而冰心对京戏也很感兴趣,因此他们的课外谈话就常常以京戏为话题。焦菊隐毕业后办了一所中国戏剧学校,学生实习场所就在冰心刚到北京时看过几场戏的东安市场吉祥戏院。他特意为冰心在戏院楼上留了一间包厢,好让冰心进城时任何时候想看戏都可以去看。这所戏校的四个年级学生的排行是德、和、金、玉,王金璐、李和曾、李玉茹等后来的名角都是这个戏校的学生,他们小时候演的戏,冰心都看过。

这一年,燕园的讲台几乎成了冰心的整个生活舞台。但在风云变幻的社会大舞台上,燕园只不过是布景中难得一见的一束柔美的灯光。

1926年也是动荡之年,面对蓬勃发展的国民革命军,北洋政府变得更为凶残。日本等帝国主义国家为了各自的利益,阻挠国民革命军在天津布防,竟向当时的北洋政府发出最后通牒,之后又炮击大沽。日本等国的帝国主义侵略行径再次激起了爱国学生的愤怒,他们于3月18日这天在天安门广场召开群众大会,抗议日本等帝国主义的侵犯行径。之后，他们整队游行，向当局请愿。丧心病狂的北洋政府首脑段祺瑞竟命令卫队向学生开枪，当场打死学生刘和珍、杨德群等人，制造了震惊中外的"三一八"惨案。愤怒的鲁迅为此奋笔写成《记念刘和珍君》，揭露北洋军阀的暴行。

在这种混乱状态下，就在冰心归国前不久，杜锡圭出任北洋政府的海军总长，并任命谢葆璋为海军部次长。没过多少日子，国内形势发生了急剧变化。7月，国民革命军誓师北伐，北洋政府军不堪一击，节节败退。1927年6月，北洋政府改组，取消了海军部。后来，冰心父母的家就从北京搬到了上海的徐家汇。之后冰心的大弟弟谢为涵到美国留学，在宾夕法尼亚大学学公路专业。冰心还在燕大任教，二弟、三弟也在北京上学。每逢寒暑假，因为当时到处打仗，铁路停运，冰心就和两个弟弟从天津坐海船到上海看望父母。

燕园是平静的，但社会是动荡的。总是走在时代前列的青年学生们一面苦读，也一面苦思。而完全投入社会的冰心，这时对社会现状的关注更是超过了学生时代，她从中感受到的迷惘与空虚、从中生发的忧国忧民之情也更为强烈了。每每在面对现实百思不得其解的时候，她都会感伤而无奈地想，如果不是因为还有温馨的家、美丽的燕园和热爱的事业，自己不也就变成自己写的小说《超人》的主人公何彬了吗？这天，她又一个人在屋中徘徊，想那些永远想不清的问题,不知不觉窗外已是沉黑。她呆呆地望着窗外,想起几年前,自己也是这么心情抑郁地独自凭窗,忽然一阵欢笑打破沉寂,是弟弟们从外面回来,那快乐的笑声使她的烦恼立刻烟消云散。现在她的烦恼要比那时更多了,家却在青山之外。回家已经是件很奢侈的事了。而那个只能飞鸿来去的人呢?那也是个不能回家的人。冰心想到这儿,不由得鼻子发酸,把目光转向时常忘记翻的日历上。"1928年5月7日"!冰心浑身一震,又是一个国耻日!十三年前中央公园里示威游行的情景、父亲书房墙上的那张白纸……冰心满眼是激动的人群,满耳是愤怒的呐喊,满心是无尽的苦闷,她想找人诉说。向年迈的双亲?可怎忍心让他们再忧愁!向年轻的弟弟?他们脆弱的心灵怎么能承受!只有他,却远隔重洋!他还在那里做什么呢?!真正需要他的是这里,是他的母亲,是他的心上人,是他们多灾多难的祖国啊!一向含蓄、羞涩的冰心再也抑制不住内心的情感,冲动地坐在桌前。转眼之间,一首长诗一气呵成——《我爱,归来罢,我爱》:

  这回我要你听母亲的声音,
  我不用我自己的柔情——
  看她颤巍巍的挣扎上泰山之巅!
  一阵一阵的
   突起的浓烟,

　　　　遮蔽了她的无主苍白的脸!

她颤抖,
她涕泪涟涟。
她仓皇拄杖,哀唤着海外的儿女;
她只见那茫茫东海上
　　无情的天压着水
　　　　水卷着天!

"归来罢,儿啊!
看你家里火光冲天!
你看弟兄的血肉,染的遍地腥膻!
归来罢,儿啊!
你老弱的娘
　　哪敢惹下什么怨怼?
可奈那强邻暴客
　　到你家来,
　　东冲西突
　　随他的便,
他欺凌孤寡,不住的烹煎!

"归来罢,儿啊!
你娘还活得了几多年?

这古旧的房屋我有甚留连?
只为的是强邻欲壑难填,
只怕的是我海外的儿们
　将来——
还不如那翩翩的归燕,
　能投到你宗祖的堂前!

"归来罢,儿呵!
先把娘的千冤万屈,
　仔细的告诉了你的友朋。
你再招聚你的弟兄们,
　尖锐的箭,
　　安上了弦!
　束上腰带,
　　跨上鞍鞴!
用着齐整激昂的飞步,
来奔向这高举的烽烟!

"归来罢,儿呵!
你娘横竖是活不了几多年。
拼死也要守住我儿女的园田!
儿呵,你到来时节,
　门墙之内:

血潮正涌,
血花正妍!
你先杀散了那叫嚣的暴客,
再收你娘的尸骨在堂楼边!
…………………………
………………………,"

我爱,归来罢,我爱!
我不用我自己的柔情——
你听泰山的乱石惊鸣,
你听东海的狂涛怒生!

我爱,归来罢,我爱!
我不用我自己的柔情,
我爱,归来罢,我爱!
我要你听母亲的哀音!

有谁读了这首诗感觉不到冰心当时忧心如焚的焦灼?有谁读了这首诗不想立刻催征上马,赶走强邻暴客?冰心不是用爱人的缠绵和泪水在呼唤,而是用祖国母亲的苦难和鲜血在命令!这是冰心唯一一首写给吴文藻的不是情诗的情诗——这就是冰心!

1928年冬,吴文藻获得了哥伦比亚大学的博士学位,并得到了该校"最近十年内最优秀的外国留学生"奖状。学社会学的他,取道欧洲到苏联,为的是亲自观察一下新生的社会主义国家。他于1929年初回到北平,应燕大和清华两校之聘担任教职。冰心还陪吴文藻到上海看望了自己的父母,并回了一趟吴文藻的老家江阴。然后他们再回到上海,在谢家举行了简单的订婚仪式。

燕京大学在园中之园——燕南园选定了一块地方,为这对琴瑟和谐、比翼齐飞的神仙眷侣构筑爱巢,从设计到施工都征求了他们两人的意见,这就是燕南园六十号的二层小楼。他们在上海度完年假于1929年春返回北平后,冰心在课余时间主要忙于即将建立的小家庭的一切准备工作。吴文藻除了请木匠在楼下他的书房北墙用木板做一个真正"顶天立地"的大书架外,只忙于买几个半新的书橱、卡片柜和书桌等读书研究必备的东西,而把其他的一切如新居的布置装饰和庭院里栽花种树的事,一股脑儿全交给了冰心。正好冰心得重感冒住在女校疗养所时认识的服务员富妈自愿来帮忙,把冰心这个新家所要做的针线活全包了。她按着冰心的意思,为楼下的客厅兼饭厅做了玫瑰色的窗帘,楼上卧室用的是豆青色的,客房是粉红色的,还有一层透明的白纱帘。床单、被单则全是用的白细布,并用和窗帘一色的布包了边,上面缀上了些小小的"补花"。冰心还抽出专门的时间在廊前种了两行德国品种的白玫瑰。这种玫瑰花开得很大,而且能不断地开,从阴历三月三一直开到九月九。这些花不仅使冰心婚后的花瓶繁花不断,还开到了她朋友的屋里及在校医院里养病的学生的病房。

冰心和吴文藻的婚礼是1929年6月15日星期六在燕大未名湖南岸的临湖轩举行的。这是一次穿婚纱的西式婚礼,还有两个小孩儿为冰心拾婚纱,仪式十分简单,但有一种隆重庄严的气氛。他们也没有大宴宾客,只请了燕大和清华两校的同事和同学。招待客人的食品也只有蛋糕、咖啡和茶点。

这对淡泊而优雅的夫妇,浪漫的冰心和不那么浪漫的吴文藻,竟是在京西的大觉寺里度过了他们浪漫的新婚之夜。这间"洞房"是寺里的一间空屋子,除了他们自己带去的两张帆布床之外,只有一张三条腿的小桌子,另一条腿是用碎砖垫起来的。他们沉醉在爱河中,眼中只有美与和谐。残败的古刹是美好的,三条腿的桌子是和谐的,一切的一切都在相爱的岁月中被纯真的感情幻化成了美好的事物。当年吴文藻向冰心求婚是在湖中的船上,是在大自然的怀抱中。新婚之夜,他们则在荒山野岭的破庙里度过,同样远离闹市和人家。四周静悄悄的,天地间只有两颗心在和鸣,那种婉转与悠扬真像是一首从遥远的草原传来的牧歌。

他们在这里度过了两个晚上,又回到了燕园里各自的宿舍。因为燕园的新居还没有完工。

暑假,他们回到上海和江阴省亲。两家又都为他们举办了婚宴,比他们在北平的婚礼要热闹和郑重得多。来了很多亲友,光红幛子就收了一大堆,都交给了两家的父母。他们想,将来亲友们有什么喜庆时,也可以用来还礼。亲友们都劝他们到杭州西湖去度蜜月,可是夏天的西湖像蒸锅似的,他们在那里只住了一天,就热得受不了了。这时冰心的表兄刘放园一家恰好在莫干山避暑,冰心他们就应邀转到莫干山住了几天。

冰心和吴文藻这对珠联璧合都有很高修养的夫妇,婚后生活十分美满愉快。吴文藻对燕南园的新家心满意足,希望能过一辈子备课、教学、研究的"书呆子"生活。有这么一位夫君,家里常会闹出些小笑话,成为夫妻二人相互戏谑打趣的材料。

冰心有一张初到美国时花五美金照的相片,一直保存在冰心父母家里,后来被吴文藻要来,放在他的书桌上。冰心看他放照片时虔诚而笨拙的样子,就问他:

"你真的每天要看一眼呢,还只是一件摆设?"

他笑着说:"我当然每天要看了。"

有一天,冰心趁他去上课,把自己那张相片从相框上拿下来,换上了一张影星阮玲玉的相片。吴文藻一回来,冰心就等着看他有什么反应。可过了几天,他也没理会。冰心忍不住提醒他:

"你看桌上的相片是谁的?"

他看了才笑着把相片换下来,并说:

"你何必开这样的玩笑呢?"

还有一次是一个阳光灿烂的春天上午,冰心和家人在楼前赏花。吴文藻的母亲让冰心把他从书房里叫出来,他不大情愿地走出来,站在丁香树前,目光茫然,像是在应酬冰心似的问:

"这是什么花?"

冰心想捉弄一下他,就忍住笑回答:"这是香丁。"

他听了点点头说:"呵,香丁。"大家听了都大笑起来。

最被朋友们广为传说并成为文坛佳话的,是冰心和清华校长梅贻琦凑成的一首宝塔诗。有一次冰心和吴文藻去看望冰心的父亲,冰心让吴文藻上街去给孩子们买一种叫萨其玛的点心,再给父亲买一块双丝葛的夹袍面子。孩子们还小,不会说萨其玛,一般只说"马"。因此,他们到了点心店也只会说买"马"。到了布店又糟糕了,连名称的一个字都说不出来,只好胡乱指着一匹布,店员问他要多少,他张口就说:"来一丈吧!"亏得店铺里的店员和谢家很熟,打电话来问冰心:"您要买一丈羽毛纱做什么?"家里人听了都大笑起来。冰心又气又乐地说:"他可真是个傻姑爷!"父亲也笑了,说:"这傻姑爷可不是我替你挑的!"冰心也只好摆出一副认命了的表情。后来抗战时他们到了云南,有一天清华校长梅贻琦到他们位于呈贡的家

里来度周末,冰心就把这一腔"怨气"发泄在了清华上,写成了一首宝塔诗:

马
香丁
羽毛纱
样样都差
傻姑爷到家
说起真是笑话
教育原来在清华

梅校长一看,微微一笑,提笔在下面加了两行:

冰心女士眼力不佳
书呆子怎配得交际花

在座的清华同学全都开心地拊掌大笑,冰心立刻觉得自己这次又是"作法自毙"了!

朋友们都很羡慕他们,也很愿意到他们家去叙谈散心,因此他们燕南园的家也成了朋友们谈天说地的"据点"。

他们燕南园的房子里越来越多的是书。其中有自己买的,也有朋友送的,平均每月总要增加十来本,杂志和各种学术刊物还不在内。他们客厅内的半圆雕花的红木桌子上的新书，差不多每星期换一次。朋友和学生们来的时候，总是先跑到那儿，站着翻阅半天。其次就是琳琅满壁的字画和艺术性的照片，有的是吴文藻买的古董，有的是朋友们送的，很多都相当名贵。除此之外，一切陈设都十分简朴甚至有些简陋。

1930年夏，闻一多和梁实秋到燕南园来看望冰心夫妇。他们一进门，挥着扇子，连声嚷热。冰心赶紧给他们倒上两玻璃杯凉开水。他们坐也没坐，先在每间屋子里巡视一遍，又在客厅中间站了一会儿，闻一多忽然笑着说："我们出去一会儿就来。"没等莫名其妙的冰心有追问的机会，他们调头就出去了。冰心以为他们是到附近看别的朋友去了，也没在意，可是不多一会儿，他们就回来了。闻一多拿出一包烟，往茶几上一扔，笑着说："你们新居什么都好，就是没有招待客人的茶和烟，以后可得记着点！"说得冰心也笑了，还真感到有些不好意思。那时冰心还不习惯喝茶，小时候倒有时喝，不过是把父亲泡得很浓的茶倒出来一点儿，再掺上大半杯开水，那水的颜色都是浅黄的，她只是为了解渴而已。而吴文藻也是对茶、烟均不爱好，所以家里虽然有别人送给他们的一套精美茶具，包括一只竹柄的茶壶和四只带盖子的茶杯，白底青花，十分素雅可爱，也只好委委屈屈地装凉开水。

巴金和靳以也在一个初夏的早晨来看过冰心。冰心比他们俩都大,把他们都当小弟弟看,谈起话很随便很自然。她觉得靳以很健谈,热情而活泼,巴金就比较沉默腼腆而稍带些忧郁。后来,冰心和巴金接触较多,冰心有好几本书都是在巴金的帮助下出版的。20世纪40年代,冰心在重庆时,因需要稿费,将用"男士"的笔名陆续写的一组散文《关于女人》交给天地出版社出版,但稿费却非常微薄。巴金知道冰心的贫困境遇,就把这本书从剥削作家的天地出版社拿出来,交给了上海的开明书店再版,使冰心得到了一笔赖以为生的稿费。连吴文藻都说"巴金真是一个真诚的朋友"。

郑振铎1931年秋到燕大教书以后,也成了冰心家的常客。他交游很广,因此常给冰心介绍一些朋友。他的藏书很多。那几年,冰心常常卧病,他就借书给她看,其中有他收集的百十来部章回小说,如《醒世姻缘传》《野叟曝言》《绿野仙踪》等,都是冰心从未看过的。他还成了冰心阅读中国旧小说的良师益友。那几年他正收集有名的信笺,并和鲁迅先生共同编印《十竹斋笺谱》。他收集到的信笺也没忘了分给冰心一份。笺谱印成后,他还签名送给了冰心一本,并告诉她说:"这笺谱的第一部是鲁迅先生的,第二部是我自己留下了,第三部就送给了你。"

老舍就是郑振铎介绍给冰心认识的,那天也是在燕南园六十号的家里。冰心正在给客人倒茶的工夫,一转身看见老舍已经和她三岁的儿子吴平头顶头跪在地上找一只玩具熊了!当老舍把手伸到椅子后面拉出那只小布狗熊时,吴平高兴得抱住这位陌生客人的脖子使劲地亲了一口,在座的人全都笑了起来。此后,老舍经常给冰心寄他的著作。后来在重庆歌乐山时,老舍更与冰心常来常往,还送给她不少信笺。冰心的孩子们最欢迎"舒伯伯"来家。有一次冰心听见她的孩子问老舍:

"舒伯伯,您书里的好人为什么总是姓李呢?"

老舍故意把脸一绷,说:"我就是喜欢姓李的!——你们要是都做好孩子,下次我再写书,书里的好人就姓吴了!"孩子们高兴得拍手大笑。

萧乾、丁玲、胡也频和沈从文都是冰心通过三弟为楫认识的。萧乾是为楫的同学兼好友,从十一二岁时就常到谢家来玩,因此冰心一向待他像小弟弟一样,而他也很尊敬这位"大姐"。他每次写信,落款总是"弟秉乾"。繁体字"乾坤"的"乾"和"干湿"的"干"是一个字,但孩子们不知道该念什么,都念成了"干"的音,见了萧乾也就亲昵地称他为"饼干舅舅"。

冰心和丁玲关系密切,也许因为都是女作家吧。丁玲编《北斗》杂志时,冰心曾为她写稿,她们通信的上下款都是只用一个"冰"字,因为丁玲的本名是蒋冰之。

林巧稚大夫也是冰心的好朋友。冰心的三个孩子都是她给接生的,所以她常对冰心说:"你的孩子就是我的孩子!"冰心《关于女人》中的《我的同班》就是以她为原型的。

平静的岁月往往过得很快,一晃冰心已在燕园住了近十年。燕大的教授每七年休假一次,1936年是吴文藻的休假年,他获得了"罗氏基金会"的基金,一放暑假就开始了国外考察之旅,冰心也跟他一块儿游历了欧美的几国。他们先到了日本,又到美国代表燕大祝贺哈佛大学建校三百周年。吴文藻在日、美、英、意、法等国到处寻师访友,为好几个优秀学生安排留学从师问题。在法国,他又提出要重回英国牛津和剑桥学习"导师制",这时冰心正怀上第三个孩子吴青,就一个人留在巴黎,住了一百天。她觉得在"花都"度过的这些悠闲的日子是一生最"美"的回忆。她还到意大利罗马看望了正在那里度假的威尔斯利女子大学的K教授。直到1937年6月底,他们才取道西伯利亚回国。紧接着就发生了"七七事变"。

在这次游历中,1936年冬天在伦敦,冰心认识了英国著名女作家弗吉尼亚·伍尔芙,并应她的邀请到她家喝茶。她们从伦敦的雾,两个国家的诗歌、小说,一直谈到英王退位和"西安事变"。伍尔芙忽然对冰心说:"你应该写一本自传。"

冰心摇摇头:"我们中国人没有写自传的风气,而且关于我自己也没有什么可写的。"

"我倒不是要你写自己,而是要你把自己作为线索,把当地一些社会现象贯穿起来,即使是关于个人的事情,也可作为后人参考的史料。"

伍尔芙的这席话,后来对冰心的创作产生了极大的影响。

冰心的母亲一直体弱,冰心出国的几年,她因思女忧愁,身体每况愈下。这使身处异域的冰心在思念中更增加了无限担心。冰心回国才一年,母亲又随父亲到了上海。然而,虽然常年处在这种难以排遣的思亲忧亲之苦中,但冰心万万没料到,在她刚刚得到一个最亲爱的人时,却要失去另一个最最亲爱的人。

1929年12月14日上午,冰心和吴文藻从城里回来,一进门,看见客厅桌子上放着一封从上海发来的电报。冰心一惊,一颗心立刻"怦怦"地跳个不停。她急忙将封套拆开,上面写着:"……母云,如决回,提前更好。"冰心念完,脑中一片空白,她觉得好像怎么也看不明白似的。她缓缓地抬起头,手里攥着那封电报,茫然地看着前方,只觉得眼前一片黑暗。站在她旁边的吴文藻轻轻地搂搂她,以一种轻松的语气安慰道:"不要胡思乱想,这无非是母亲想你,要你早些回去,你放心,绝不会出什么事儿的。"冰心木然地点了点头,上楼走进卧室。她脱去大衣,只觉得浑身战栗,好像还是在冰天雪地的露天里,她看了一眼炉火,燃得正旺,可是在她眼中,那炉火像是舞台上用红绸子和鼓风机制造出来的,没有一丝热量。她坐在床边呆想着,但怎么也不能集中起精神来好好地想一件事直到文藻来叫她下楼去吃饭，她才恍然惊醒。她对吴文藻说："你先去吃吧，我打个电话就下去。"

"好吧。"他嘴里说着，向门口走了几步，停在那里等她。

冰心拨通了旅行社的电话："我要买一张到上海的船票，要最早的。"

"对不起，这几天船票非常紧张，最早也得等到19日的顺天船上才有舱位，而且一、二等舱都已预订完，没有空舱位了。"电话那边传来礼貌而平淡的声音。

"没关系，什么样的舱位都行，只要能尽快把我送到上海。"冰心坚决地说。

这时，吴文藻走了回来，委婉地说："如果能有个好点儿的舱位，就晚一天也不要紧吧？"

"你不要劝我，我知道你是心疼我。可是我心里……我是走定了，即使是猪圈，是狗洞，不就是蜷伏几夜吗？"

夜里，冰心躺在床上，觉得像睡在冰窟窿里。身上柔暖的被子也变成了冰冷的钢板，压得人喘不过气来。刚迷迷糊糊入睡，却一下子又惊叫着坐了起来。这一夜，冰心不知惊醒了多少次！在丈夫劝过她之后，她虽然没有再说什么，但她知道，如果母亲不是病得很严重，父亲绝不会在火车停运、女儿年假未到的时候催她立即回去。父亲在拟电文时还不知怎么煞费苦心地字斟句酌，但是他内心的焦急与担忧却怎么也掩饰不住。吴文藻不断地安慰她：

"不是我劝你,你现在不要这样悲伤,不是不要,是不能。身体要紧,你还要一个人上路呢。到了那边家里,你也要尽可能克制。过度的悲哀与着急,不仅对你自己的身体不好,对你母亲也不好。母亲大人要是知道你为她伤心到这种地步,一定会更难过的。"

18日下午,吴文藻送冰心到天津。这是他们蜜月后第一次同车旅行,虽然仍是默默地相挨坐着,心情却大相径庭。冰心忍着腹痛,不停地往肚子里灌热茶。她怕丈夫着急,没有告诉他。就是告诉他,在这火车上又有什么用呢?傍晚到天津时,在月台上,冰心已疼得走不动路了。她挣扎着到国民饭店,进了房间,便一直躺在床上。她的慢性盲肠炎又犯了。这病有十年了,每年都要发作一两次,每次都痛彻心腑,有时一疼起来持续时间长达十二小时。这天夜里,冰心处在神志模糊和半昏迷状态,她只觉得自己在床上起伏坐卧、呕吐、呻吟、痛苦不堪,连一直在旁边照顾她的吴文藻似乎都不存在了。就这样,也没有动摇冰心去上海的决心。

第二天一早起来,他们在房间里默默地相依而坐,吴文藻看到妻子病成这个样子,却不能也不敢说出不让她去的话。他流着泪对妻子说:"你病成这样,而我一个穷孩子,一个忍心的丈夫,却不能陪你去,也不能给你预备下个好舱位,让你自己在这个时候一个人走……"他哽咽着说不下去了。冰心心如刀割,心中像打翻了五味瓶,不是个滋味，不知如何是好，实在打不起精神和力气来安慰他，只有无言地相对而泣。

晚上十点上了船。房间是特别的官舱，出乎意料地小，而且还有一个大烟囱从屋角穿过，一共有三位乘客。吴文藻替冰心把床铺好，冰心便蜷曲着躺下，他也挤坐在床边。这时船上笑骂声、叫卖声、喧嚷声、争吵声，夹杂着油味、垢腻味、烟味、咸味、霉味，乱成一团，到处是一片拥挤、纷乱、叫嚣。冰心屏住呼吸，闭着眼，使劲按捺内心的烦躁。她忽然感到几滴冰凉的水落在了自己的脸上，那是文藻的眼泪，紧接着便是他痛苦的声音：

"爱，我恨不能跟你一起去！这种地方你一个人怎么受得了呢？"

冰心睁开眼，说："没事，我和这些人本来就是一样的人。"

冰心让吴文藻先走，因为狭小的船舱这时已上满了人，实在没有转身的地方了。同时，冰心又劝他不要坐第二天一早的三等火车回去，那种火车没有汽炉，寒冬腊月的，冰心不忍心他受这份苦。文藻都答应了。冰心到上海以后，收到文藻的信才知道文藻并没有听她的。他在信中写道："对不起你，我最后还是坐了三等车。我看着你那样走的，我还有什么心思求舒适？就是这样，我也还是觉得没能分担你万分之一的辛苦。而且这样反而坏事变好事了，让我感到高兴的是，我用省下的车费在市场的旧书摊上买了几本书!"

22日,冰心终于到了上海的家。她对来开门的人说的第一句话就是:"太太好了吗?"她来到母亲的床前,俯下身,叫了一声:"妈!"冰心的母亲这时已病得不成样子了,骨瘦如柴,看起来比几个月前冰心放假回来时老了二十岁,额上似乎也黑了,气息微弱得几乎一句话也说不出来。看见风尘仆仆的女儿,母亲只能用悲喜交加的无主的目光看着冰心。

吃饭的时候,家里人才告诉冰心发电报的经过。他们怕母亲阻拦,没有事先告诉母亲,只骗她说是冰心自己要回来的。母亲听说女儿要回来没有言语,过了一会儿才说:"可怜的,她在船上也许时刻提心吊胆地想自己已是没娘的孩子了!"

饭后,冰心和父亲坐在母亲床前。母亲半闭着眼,冰心轻轻地替她拍抚着。父亲悄声问:"你看母亲怎样?"冰心没有说话,父亲也默然。过了一会儿,父亲叹口气说:"我也看着不好,所以打电报叫你,我真有一种失去依靠的感觉,六神无主,心都要碎了!"

此后的半个月里,冰心和大弟谢为涵及弟妹杨建华——冰心的舅舅杨子敬的女儿为随时照顾母亲,晚上轮流睡在母亲房里。母亲得的是骨痛病,十分痛苦。但即使是这样,母亲还常常劝他们:"我感觉好多了,不要紧的,你们回屋去好好休息去吧。"第一天早晨,她看到冰心早起穿衣裳,慢慢地侧过头来说:"你的衣服太单薄了,不如穿上我的黑骆驼绒袍子,省得冻着!"她歇一口气又说:"我去年头一次见文藻,还是穿那件袍子呢!"最使冰心感动和悲伤的是,母亲在痛苦的弥留之际,占据她博大心胸的依然是爱,是对亲人的牵挂。她要儿女们不要忘了父亲的六十五岁寿诞,她惦记着在北平读书的二儿子和在海外漂泊的小儿子。她知道女婿吴文藻一个人在家一定也是坐卧不安,一定非常挂念自己的妻子。她看着在身边毫无怨言伺候自己的女儿,心中老是觉得充满了歉意。"辛苦你了,"她喘息着对冰心说,"等我的事情过去了,你好好睡几夜,便回北平去,那时什么事都完了。"连用人都说"太太永远是这样疼人的"。在前几个月她还没有完全不能动时,夜里总是自己挣扎着起床,从来不把用人叫起来。冰心在她的诗歌、散文、小说,还有那些《寄小读者》的通讯中,以全部的激情讴歌的母爱,即使在身染沉疴、快要辞世而去的母亲身上,也依然如此深厚,这怎么能让冰心不感动呢?

母亲的病一日日地更重了。冰心一面做最后的努力,延请名医为母亲治病,争取让母亲平静、满意地度过最后一段时光;一面从最坏处打算,暗暗地准备母亲的后事。

转过年来的1月3日,是冰心父亲的生日,也是她父母结婚四十周年纪念日。早上,冰心到市场买了些果品、点心、熏鱼、烧鸭等零吃的东西。因为晚上的宴席实际只为母亲一个人，吃那种整桌的菜，母亲的身体受不了。到了晚上，冰心他们把红灯一齐点亮，在母亲床前摆了一个小圆桌，一家人团坐在周围。他们把父亲推坐在母亲旁边，笑着说："新郎来了！"父亲笑着，母亲也笑了。母亲知道自己没什么希望了，但她觉得这一生是幸福的，可以毫无遗憾地去了。虽然她幼年丧母，后来却有一个体贴她的丈夫，有一个温暖的家，有一群爱她的儿女，她觉得也没有什么不满足的了。她对依偎在枕旁的女儿冰心说："我自小千灾百病的，你父亲常说我自幼于今吃的药，总集起来够开一间药房的。我真的怎么也没想到，我能活到六十岁！而且子女男婚女嫁，大事都办了。人家说'久病床前无孝子'，我这次病了五个月，你们天天端汤送药，不离半步，真是心力交瘁！我对你们——我的女儿、儿子、儿媳没有任何一点儿不满意的地方。我现在只求快快地好起来，还能再享两年你们的福……"

没过两天，1月5日夜里，父亲在母亲床前陪坐着。困倦的冰心侧卧在父亲床上打盹，猛然被母亲的呻吟声惊醒，细一听，好像听见她正在与父亲争吵。说话十分困难的母亲怎么会突然这么高声地说话呢？冰心赶紧奔过去。只听见母亲说："你行行好吧，把安眠药递给我，我实在不愿意这么拖下去了！"母亲在床上辗转呻吟，面红气喘。冰心的心像针扎一样，她知道，母亲这时已达到了痛苦的极点。她早告诉过自己，她骨痛的时候，曾偷偷把安眠药的药名写在一张小纸条上,藏在衣袋内,想着到了最痛苦难忍的时候,悄悄叫人买来服下,以求彻底解脱。冰心急忙跪伏在母亲床前,想方设法劝说哀求。可是母亲摇头不理她,只是看着父亲。父亲呆站了一会儿,回身取了药瓶,倒了两丸,放在她嘴里。她使劲摇头,喘息着说:"你也真是的……又不是今后就见不着了!"这句话如同兴奋剂,使父亲眉头一皱,露出十分凄凉而又肃穆的表情,冰心不由得浑身打战。父亲猛然转过身去,又往母亲嘴里放了几粒药丸。冰心吓得神魂飞出天外,飞也似的扑上去攀住父亲的手臂,可是已经来不及了……直到第二天下午四点,母亲才缓缓地醒来。晚上冰心和母亲谈了一夜的话,这是三十年来的最后一次谈话。冰心说得多,母亲大半是听着。母亲的精神显得很好,还感觉到了饿。但到了1月7日早晨,母亲又不行了,痛苦的她拒绝一切饮食,无论大家说什么,她只是哀求着说:"放我去吧,叫我多受这几天苦做什么!"就这样到了九点多,久病的母亲终于撒手人寰。这一天也正是冰心的外祖母四十六年前去世的日子。

  冰心按照父亲的意思和母亲的遗愿,把母亲葬在上海的万国公墓。因为上海是南下北上的中转地,是漂流在各地的儿女们南来北往或是到国外的必经之路。冰心和家人都剪下了一缕头发装在一个白纸信封里,放进母亲的钢棺里。在那个白纸信封里,还有母亲为冰心保存了三十年的、她头一次剃下来的胎发和她大学毕业时获得的"斐托斐"名誉学位的金钥匙——这把金钥匙浸透了冰心的勤奋和努力，曾带给母亲极大的喜悦和骄傲。在下葬的这一天，挽着母亲钢棺的白带子慢慢松开，母亲的钢棺徐徐下降时，冰心觉得她从前有过的一个充满幸福的心完全黑暗了，仿佛它跟着最亲爱的母亲葬在九泉之下，永远无处捉摸，永远不能复活了。

这个家没有了母亲就像失却了灵魂。年迈的父亲一下子又老去几岁。弟弟们更是茫然若失，心中无主。这时候冰心性格中坚强的一面显露出来，她强压下心中的悲痛，勇敢地挑起了这个家。她从小到大最不缺少的就是爱，父母的爱怜，弟弟的爱戴。就是现在，虽然慈母已去，但依然有老父在堂，弟弟们簇拥，而且在遥远的北方还多了一个爱她念她等着她回去的亲人，这些都是她必须好好生活下去的动力，也是她的责任。她觉得现在该是把自己的爱给别人的时候了。她暗下决心，一定要像母亲那样，照顾好父亲和三个弟弟，还有许多原来感受着母亲爱的恩泽的亲眷。在冰心的努力下，这个家重新恢复了生气，家人们重新找到了这个家的核心。三个弟弟也明白，虽然母亲去世了，但还有这个爱他们的姐姐，把他们几个人紧紧地搂在一起，使这个家还像从前一样和谐而温暖。

冰心母亲去世的第二年，在南京工作的大弟谢为涵调到广州去了，冰心和谢为杰便带着退休的父亲回到了北平。

回国后在燕园教学的近十年中,冰心结束了学生的校园生活,走出了封闭的象牙塔,走进了甜酸苦辣喜忧哀怒悲恐惊的现实世界。她经历了个人生活中的大喜大悲。她与她爱的人结成终身伴侣,欢欢喜喜地开始了一段新的旅程;她失去了天底下最好的母亲,再不敢回首来时的岁月;她抚育了三个可爱的孩子,心满意足地使自己和爱人的生命,也使母亲的生命得到了延续。同时,这一时期是历史上一个时局动荡、千变万化的时期,是文艺界比较活跃而颇多建树的时期,特别是革命文学方兴未艾。一向喜欢独处的冰心也参加了一些进步文艺团体的活动,并在丁玲主编的"左联"机关刊物上发表作品。这一切的一切使人生阅历一直比较单纯的冰心产生了无限的感慨,使她的心灵世界发生了极大的变化,并且改变了冰心的思维方式,改变了她的世界观,改变了她为人处世的态度,但最为显著的变化还是体现在她的创作上。

在这十年之初,冰心的创作较少,正像冰心在1932年的《冰心全集》自序中写道的:

一九二六年,回国以后直到一九二九年,简直没有写出一个字。若有之,恐怕只是一两首诗如《我爱,归来吧,我爱》《往事集自序》等。缘故是因为那时我忙于课务,家又远在上海,假期和空下来的时间，差不多都在南下北上之中，以及和海外的藻通信里。如今那些信件，还堆在藻的箱底。现在检点数量，觉得在那三年之中，我并不是没有创作！

一九二九年六月，我们结婚以后，正是两家多事之秋。我的母亲和藻的父亲相继逝世。我们的光阴，完全用在病苦奔波之中。这时期内我只写了两篇小说，《三年》和《第一次宴会》。

这以后，生活重新稳定下来的她进入了一个新的创作时期。这一时期她创作了小说《分》《我们太太的客厅》《冬儿姑娘》《相片》和《西风》等，诗歌《我再也不能承受这样的温存》《惊爱如同一阵风》《我劝你》《一句话》等，散文有《南归》《寻常百姓》《新年试笔》《平绥沿线旅行记》《一封公开信》《二老财》《胰皂泡》《一日的春光》《记萨镇冰先生》和《摆龙门阵》等，出版了第一本译作——纪伯伦的散文诗集《先知》。1931年北新书局约冰心编辑《冰心全集》，分诗歌、散文、小说三集，于1932年8月至1933年1月出齐。

冰心这十年的创作仍以小说为主。她的小说虽然不像以前那样在社会上引起极大的轰动，却篇篇有新意，体现着她对小说从思想到艺术的一次新的探索。

《第一次宴会》是以冰心自己的婚宴为背景写成的，具有自传的性质。小说表达了母亲对女儿的深爱，虽然这还是她一贯的主题，却含蓄地表达了身处在母爱与夫爱之间难以两全其美的矛盾心理。

在小说《分》中，冰心采用两个刚离开母体的初生婴儿——一个是生活富裕的教授的儿子，一个是在贫困线上挣扎的屠户的儿子——对话的形式，表现了她生第一个儿子吴平时在医院的所见所闻和切身感受。这篇小说很像一篇寓言或童话。这两个生下来本是平等且相亲相爱的好朋友，一旦走出医院育婴室的大门，立刻会因贫富悬殊在精神上、物质上永远分开，走上不同的社会道路。其实即使是在医院中，他们也仍是不平等的，因为他们的父母不平等，他们一出生就意味着不平等。更值得一提的是冰心对贫穷者的态度，她对他们由过去作品中社会上层的善良人对社会底层人的悲悯，转而变成了尊敬和希望，而对富有却脆弱者，她借那个穷孩子表现出了一种又似怜悯又似鄙夷的态度。那个黑黑的屠户的儿子对白白的教授的儿子说："你将永远是花房里的一盆小花，风雨不侵的在划一的温度之下，娇嫩的开放着。我呢，是道旁的小草。人们的践踏和狂风暴雨，我都须忍受。你从玻璃窗里，遥遥的外望，也许会可怜我。然而在我的头上，有无限阔大的天空，在我的四周，有呼吸不尽的空气。有自由的蝴蝶和蟋蟀在我的旁边歌唱飞翔。我的勇敢的卑微的同伴，是烧不尽割不完的。在人们脚下，青青的点缀遍了全世界！"他没有因贫穷的出身而自卑而气馁，反而因是自食其力的劳动者而感到光荣和自豪；他没有被贫穷压垮和吓倒，反而把它当成了动力："我大了，也学我父亲，宰猪——不但宰猪，也宰那些猪一般的尽吃不做的人！"

用"爱的哲学"来解决世间一切"问题"的冰心对人类、对世界的看法已经发生了巨大的变化。她不再只用善恶两极来衡量一切，对人类和世界也不再只有爱与憎两种对立的情感。她的头脑中已经出现了阶级的观念，并且能用这种观念来认识眼前发生的种种不合理现象。冰心这种歌颂劳动者的小说在当时影响较大的还有《冬儿姑娘》。

冰心的这一转变，在进步文化人士中引起了很大反响。1934年茅盾在《冰心论》中专门进行了评论：

> 这五年内世界的风云，国内的动乱，可曾吹动冰心女士的思想，我们还不很了解，但是在她的小说《分》里头，我们仿佛看到一些"消息"了。

冰心的思想转变还不止于此。在小说《我们太太的客厅》里，冰心第一次把讽刺与批判的目光落到自己所在的阶层，揭露了那些饱食终日的寄生虫们，高雅清贵的面具后面虚伪可厌的本来面目。这篇文章中讽刺与幽默的锋芒在冰心以前的作品中比较少见。另一篇小说《相片》通过揭露一个在华的美籍女人对一个年轻的中国女孩儿精神上的摧残和感情上的践踏，批判了宗教的伪善和一些人的自私本性。

散文《南归——贡献给母亲在天之灵》写于1931年，记叙的是冰心母亲最后的日子，是冰心呕心沥血、真情迸发的力作，是她这一时期散文的代表作。

到这一时期，冰心已基本奠定了她在中国现代文学史上的地位。作为中国现代文学史上最早的、最典型的，也是最杰出的女性作家，她的作品不仅受到读者的喜爱，也得到了文学大师及评论家们的一致推崇，中国现代文学经典集萃的《中国新文学大系》的小说集、诗集、散文集中都收录了冰心的作品和文学大师对冰心作品的评论。著名小说家和文艺评论家茅盾多次肯定冰心的小说；诗人朱自清称赞冰心的《繁星》和《春水》在新诗发展中的重要作用，认为是哲理诗、小诗的又一派；而才华横溢、情感深沉的郁达夫对冰心更是推崇备至：

> 冰心女士散文的清丽，文字的典雅，思想的纯洁，在中国好算是独一无二的作家了；记得雪莱的《咏云雀》的诗里，仿佛曾说过云雀是初生的欢喜的化身，是光天化日之下的星辰，是同月光一样来把歌声散溢于宇宙之中的使者，是虹霓的彩滴要自愧不如的妙音的雨师，是……这一首千古的杰作，我现在记也记不清了，总而言之，把这一首诗全部拿来，以诗人赞美云雀的清词妙句，一字不易地用在冰心女士的

散文批评之上，我想是最适当也没有的事情。

郁达夫用雪莱歌唱云雀的诗来形容冰心的散文，但正像他曾说过的："言在意外，文必己出，哀而不伤，动中法度，是（冰心）女士的生平，亦即是女士的文章之极致。"冰心正是这样一个文如其人、人如其文的女作家。但即使是雪莱这样一段优美的诗句也不够形容冰心淡泊平静、优雅高洁而又光辉灿烂、卓尔不群的一生，不能传达出冰心一生的美、一生的爱于万一，就像我们永远无法数清天上的繁星一样，我们只有默念着《繁星》中的句子：

诗人呵！
缄默罢；
写不出来的，
　是绝对的美。